suhrkamp taschenbuch
wissenschaft 333

Bachofens Mutterrecht von 1861 ist bis heute aktuell geblieben. Seine Entdeckung einer »allgemeinen Kulturstufe der Menschheit«, einer Zeit, in der die Frauen herrschten und nicht die Männer, beschäftigt bis heute die Diskussion, in einer fast unübersehbaren Fülle von Zustimmung und Ablehnung. Aber es gibt keine zusammenfassende Überprüfung seiner Lehre. Der erste Teil dieser Studie beschäftigt sich deshalb – nach einer Beschreibung des Buches und der Geschichte seiner Wirkung bis heute – mit der Nachprüfung der von Bachofen angeführten Zeugnisse aus der Antike. Sie zeigt, daß die gesellschaftliche Situation der Frauen in einigen Ländern der alten Welt, z. B. Lykien, Ägypten und im minoischen Kreta, sehr viel besser gewesen ist als in anderen, daß man aber von einem Matriarchat keinesfalls sprechen kann. Die von Bachofen immer wieder als Beweis herangezogenen Matriarchatsmythen sind nicht so sehr Erinnerung an die historische Vergangenheit, sondern erklären sich vor dem Hintergrund der extremen Unterdrückung der griechischen Frauen aus dem Legitimationsbedürfnis für die Herrschaft der Männer, wie sich an ähnlichen Mythen südamerikanischer Indianer zeigen läßt. Der zweite Teil der Studie versucht im wesentlichen an Hand ethnologischen Materials den Gang der Entwicklung zu rekonstruieren, die Geschichte der Familie in Jägergesellschaften und bei frühen Ackerbauern zu beschreiben und die Gründe zu nennen für die zunehmende Unterdrückung der Frauen. Am Beispiel nordamerikanischer Indianer, der Irokesen und der Pueblo-Hopi, werden die besonderen Bedingungen geschildert, die ausnahmsweise zu einer außerordentlich günstigen gesellschaftlichen Stellung von Frauen in frühen Gesellschaften führen konnten.

Uwe Wesel, geb. 1933, ist Prof. emer. für Rechtsgeschichte und Zivilrecht an der Freien Universität Berlin.

Im Suhrkamp Verlag liegt außerdem vor: *Juristische Weltkunde. Eine Einführung in das Recht* (stw 467).

Uwe Wesel

Der Mythos vom Matriarchat

Über Bachofens Mutterrecht
und die Stellung von Frauen in frühen
Gesellschaften vor der Entstehung
staatlicher Herrschaft

Suhrkamp

Bibliografische Information der Deutschen Nationalbibliothek
Die Deutsche Nationalbibliothek verzeichnet diese Publikation
in der Deutschen Nationalbibliografie;
detaillierte bibliografische Daten sind im Internet über
http://dnb.d-nb.de abrufbar.

suhrkamp taschenbuch wissenschaft 333
Erste Auflage 1980

Umschlag nach Entwürfen
von Willy Fleckhaus und Rolf Staudt
Druck: Books on Demand, Norderstedt
Printed in Germany
ISBN 978-3-518-27933-5

10 – 11

Inhalt

1. Teil: Geschichte

2. Teil: Ethnologie

1. Teil

Geschichte

I. Bachofens Mutterrecht

Frauenherrschaft? Das war ein unglaublicher Gedanke, als Bachofen 1861 sein »Mutterrecht« veröffentlichte, auch für früheste Zeiten eine unmögliche Vorstellung. Langsam hat man sich an sie gewöhnt. Sie hat sich ausgebreitet, entsprach allmählich einer allgemeinen Stimmung, die eine gewisse Vorliebe für die Idee mit sich brachte, zumal das Ganze ja sehr weit zurücklag. Man hat sie schätzen gelernt, die Mitteilungen aus einer anderen Welt, in der die Frauen herrschten, und nicht die Männer. Regelmäßig erscheinen neue Varianten der alten Lehre, nicht nur bei Historikern. Die Frauenbewegung hat sie aufgegriffen, der Marxismus, die Psychologie, die Literatur. Es gab einige Schwierigkeiten. In der Geschichte weiß man inzwischen sehr viel mehr über die von Bachofen beschriebene frühe Zeit, besonders durch die Ausgrabungen der Archäologen. Auch die ethnologische Forschung über frühe Gesellschaften ist weiter fortgeschritten. Unendlich viel ist seitdem darüber geschrieben worden, zustimmend, ablehnend, differenzierend. Inmitten der Masse von Literatur steht immer noch dieses Buch, ein einsames Denkmal. Die Begriffe drumherum haben sich verwickelt. Von Gynaikokratie, wie Bachofen es tat, wird kaum noch gesprochen, statt dessen von Mutterrecht in vielerlei Bedeutung, von Matriarchat und Matrilinearität. Die Erkenntnisinteressen gehen ebenso durcheinander wie die Begriffe. Wenige kennen sich noch aus. Wie war es nun wirklich?

Manches kann man besser verstehen, wenn man erst einmal etwas genauer sieht, was Bachofen geschrieben und wie er es begründet hat. Und wenn man von ihm selbst ein wenig mehr weiß als nur, daß er der Verfasser des »Mutterrechts« gewesen ist.

Johann Jakob Bachofen wurde 1815 in Basel geboren. Seine Familie lebte dort seit über hundert Jahren von der Seidenfabrikation. Als ältester Sohn sollte er das Geschäft des Vaters übernehmen, aber er sah sein Ziel in der Wissenschaft. In Berlin und Göttingen hat er studiert, Altertumswissenschaften und Jurisprudenz. 1841 wurde er, mit sechsundzwanzig Jahren, Professor für römisches Recht an der Universität Basel. Daneben war er seit 1842 Richter am Kriminalgericht und seit 1844 Mitglied des

Stadtrates. Er schien eine große Zukunft vor sich zu haben, nicht nur im öffentlichen Leben dieser Stadt. Aber es kam anders. Ziemlich schnell zog er sich wieder zurück. Nach drei Jahren legte er seine Professur nieder, nach einigem Hin und Her und einigem Zögern. Eine Zeitung hatte den Vorwurf erhoben, seine Professur sei nicht das Ergebnis einer besonderen wissenschaftlichen Qualifikation gewesen, vielmehr das Resultat besonderer Familienrücksichten. Er war finanziell unabhängig und konnte es sich leisten zu gehen, so ungerecht der Vorwurf auch gewesen war, was seine wissenschaftlichen Fähigkeiten betraf. 1845 verließ er den Stadtrat. Der vornehme Altbasler sah sich in aussichtsloser Opposition zum aufsteigenden Liberalismus. Seitdem lebte er als Privatgelehrter, im Haus seiner Eltern in Basel, ein Patrizier, fromm, konservativ und reich. Das einzige Amt, das er noch ausübte, nebenbei, war das eines Richters in Strafsachen, am Appellationsgericht, einundzwanzig Jahre lang, von 1845 bis 1866. Er war viel auf Reisen, besonders in dem von ihm so geliebten Italien, verkehrte mit der europäischen Gelehrtenwelt und schrieb über römisches Recht und römische Geschichte.

1859 veröffentlichte er einen »Versuch über die Gräbersymbolik der Alten«. Das war der Wendepunkt, an dem er sich seinen wissenschaftlichen Ruf verdarb. Mit einer gefühlsbetonten Deutung der antiken Mythen und Religionen wolle er einen »Sturmbock als Bresche schicken in die Granitmauern eines versteinerten historischen Rationalismus«. So hatte er einige Zeit vorher in einem Brief geschrieben (Meuli 1948. 1069). Seine Kollegen bezeichneten das als »höheren Blödsinn«. Er wußte genau, was er wollte. Es war das, was sie nicht wollten, ein wissenschaftliches Programm, das bewußt und gezielt gerichtet war gegen die liberale und positivistische Geschichtsschreibung seiner Zeit, gefühlsbetont, mit dem Schwergewicht in der Deutung der antiken Religion und Mythologie, beide damals wie heute eher vernachlässigt, bewußt antirational.

1861 erschien, in der gleichen Absicht und mit derselben Methode, »Das Mutterrecht. Eine Untersuchung über die Gynaikokratie der alten Welt nach ihrer religiösen und rechtlichen Natur«. Das schwer lesbare Riesenwerk wurde erst recht völlig verständnislos aufgenommen. Bachofen hatte sich endgültig, nicht ganz freiwillig, aber endgültig und mit traurigem Herzen aus der Zunft seiner Wissenschaft ausgeschlossen. Er hatte mit

Unverständnis gerechnet, aber nicht damit, daß es so unerbittlich und absolut sein würde.

1865, neun Jahre nach dem Tod seiner Mutter, der das Buch gewidmet war, heiratete er Louise Elisabeth Burckhardt, eine Basler Patriziertochter. Er war fünfzig Jahre alt, sie zwanzig. Sie soll sehr schön gewesen sein, und »elegant«. Mit ihr lebte er in einem, wie er selbst formulierte »nach imperialistischen Grundsätzen geleiteten Hauswesen« (Meuli 1948. 1043). Er plante ein großes Werk über römische Geschichte, gegen Mommsen, in dessen liberalpositivistischer Haltung er den »Jargon des Demagogen« sah. Das Werk kam nicht zustande. Er schrieb weiter über Gräbersymbolik und über die Auseinandersetzungen Roms mit dem Osten. In Fortsetzung des Mutterrechts und ermuntert durch die Bestätigung in den ethnologischen Werken von Morgan und McLennan begann er mit einer Untersuchung über Verwandtschaftsformen in der Antike. Von diesen »Antiquarischen Briefen« erschienen 1880 und 1886 die ersten beiden Bände. Zweiundsiebzig Jahre alt ist er geworden, 1887 gestorben.

Die Abkehr von der konventionellen Geschichtsschreibung kam mit dem Buch über die Gräbersymbolik. Das war ein von ihm absichtlich vollzogener Wechsel in der wissenschaftlichen Methode, der auch seinen allgemeinen politischen Auffassungen entsprach. Er war konservativ, stark beeinflußt durch die Romantik, in ständischen Vorstellungen befangen. Die bindungslose Freiheit, die mit der neuen bürgerlichen Gleichheit entstand, erschien ihm unheilvoll. Ein reicher Bürger in der Mitte des 19. Jahrhunderts gegen die kapitalistische Gesellschaft? Ja, das war gar nicht so abwegig. Die Familie der Bachofen betrieb zwar die Seidenfabrikation, in einer »Fabrik«. Aber das Stadthaus, das damit gemeint war, bestand aus einer herrschaftlichen Wohnung, dem Büro und Lagerräumen. Produziert wurde dort nicht. Das besorgten Weber in Heimarbeit. Es war keine »kapitalistische« Produktion, sondern eine, die noch zurückreichte in die ständisch gebundene Ordnung der Manufaktur. In seiner konservativen Opposition war Bachofen sich mit seinem Vater auch durchaus einig. Sie schärfte seinen Blick für die Wissenschaft der Zeit. Daher seine Feindschaft gegen Mommsen und dessen »Römische Geschichte«. Anders als seine Zeitgenossen sah er die Fehler der liberalen positivistischen Geschichtsschreibung, die mit dem Anspruch der naturwissenschaftlichen Genauigkeit auftrat und angeblich nur Fakten zusammenstellte, dabei aber unbewußt und unbesorgt das Gerüst ihrer eigenen Werturteile ausbaute. Seine Empörung über Mommsens Römische Geschichte – »Handels- und Capitalistengewäsch . . . durchzieht das ganze Werk« (Meuli 1948. 1039) – war letztlich ebenso berechtigt wie seine Einwendungen gegen eine Archäologie, die sich nur damit beschäftigte, buchhalterisch Bestandsverzeichnisse der antiken Funde anzulegen und photographische Beschreibungen zu geben, ohne sich Gedanken über ihre Bedeutung zu machen.

Seine Religiosität und romantische Grundstimmung ermöglichten ihm tiefere Einblicke in das Leben der Antike, als es etwa Mommsen möglich war, für den die Auseinandersetzungen im republikanischen Rom im wesentlichen nur Kämpfe waren zwischen Konservativen und Liberalen, die so dachten und handelten wie die Konservativen des 19. Jahrhunderts und wie der Liberale Theodor Mommsen, dessen Sympathien dabei durchaus auf der Seite der antiken Fortschrittspartei waren. Bachofens Erklärungen spätantiker Gräber mit ihren mythologischen und symbolischen Darstellungen von Leben und Tod trafen dagegen das Ziel und warfen ein helles Licht auf die Ängste und Tröstungen der Menschen damals, auf die ineinander verwobenen Vorstellungen aus Mythologie, Religion, Philosophie und Symbolik. Das Unverständnis für diese Entdeckung war groß, die Ablehnung total. Man hatte ihn als einen der Ihren angesehen, nun war er ein romantischer Schwärmer mit »symbolischen Verwirrungen«, der den Boden der exakten Wissenschaft angeblich verlassen hatte.

Nur zum Teil war diese Ablehnung verursacht durch Übertreibungen und Verallgemeinerungen, denen Neuentdeckungen selten entgehen und denen man im »Mutterrecht« noch viel häufiger begegnet. Letztlich war sie das Produkt der Ängstlichkeit einer angeblich exakten Geschichtswissenschaft, die keine exakte Wissenschaft gewesen und es auch heute nur bedingt geworden ist. Was Bachofen nicht sah, war, daß auch er mit seinen Deutungen der antiken Religion und Mythologie das Gehäuse seiner eigenen Religiosität und Romantik nur zum Teil verlassen hatte, daß auch er, besonders im »Mutterrecht«, Opfer geworden war seiner eigenen Vorurteile, daß er die Geschichte mit seinen »romantischen Weibszentrierungen erotisiert« hat (Bloch 1972. 118).

Bei seiner Arbeit über die Gräbersymbolik traf er auf das Thema, das ihn zum Mutterrecht führte, den ägyptischen Mythos von Isis und Osiris, in der Schilderung bei Plutarch (Moralia, Isis und Osiris). Danach ist Isis, Schwester und Frau des Osiris, die vom Nil befruchtete Erde, die weibliche Natur, Gefäß und Stoff der Schöpfung. Osiris ist die im Nil repräsentierte Zeugungskraft und repräsentiert das männlich-geistige Prinzip. Ihr Feind ist Seth, ein gewalttätiger Unhold, Mörder des Osiris, Symbol des ständigen Kampfes und der Auseinandersetzung. Er wird schließlich überwunden und in die Gewalt der Isis gegeben, die ihn aber nicht vernichtet, sondern frei gibt. So entsteht aus dem Leben der Tod und aus dem Tod das Leben, das Leben in der Wechselwirkung von männlicher Idee und weiblicher Materie. Die Vorstellung der Verbindung von Weiblich-Stofflichem und Männlich-Geistigem findet Bachofen nun nicht nur in Ägypten, sondern in der ganzen Antike, eine allgemeine Vorstellung, die eine Erinnerung ist an ein weltgeschichtliches Nacheinander, in dem die Menschheit zunächst unter der Herrschaft des weiblich-stofflichen Prinzips gelebt hat, das dann – Gott sei Dank – durch das männlich-geistige überwunden und abgelöst wurde. Die erste Stufe der Weltgeschichte ist das Zeitalter des Mutterrechts oder der Gynaikokratie, wie er sie nennt, also der Herrschaft der Frauen. Die Bezeichnung als »Matriarchat«, Herrschaft der Mütter, wird weder von Bachofen noch von Morgan oder Engels gebraucht. Sie ist erst später aufgekommen.

In seinem Buch beginnt er mit dem Kapitel über Lykien. Jede Untersuchung über das Mutterrecht müsse hier beginnen, hier gäbe es die sichersten und die meisten Zeugnisse. Das wichtigste ist die kurze Beschreibung dieses kleinasiatischen Volkes bei Herodot (1. 173), der berichtet, daß sie aus Kreta stammen, und dann fortfährt:

»Ihre Sitten sind zum Teil kretisch, zum Teil karisch. Dann haben sie noch einen eigentümlichen Brauch, den sonst kein anderes Volk hat: Sie benennen sich nach der Mutter und nicht nach dem Vater. Wenn man einen Lykier fragt, wer er sei, dann wird er seine Herkunft von der Mutter her angeben und die Mütter seiner Mutter nennen. Und wenn eine Bürgerin mit einem Sklaven sich verbindet, dann haben die Kinder das Bürgerrecht. Wenn aber ein Bürger, und wäre er der vornehmste, eine Ausländerin oder eine Sklavin nimmt, so haben sie es nicht.«

Bachofen ergänzt das durch entsprechende Bemerkungen anderer griechischer Historiker. Der älteste von ihnen, Herakleides

Pontikos, schreibt hundert Jahre nach Herodot im 4. Jahrhundert vor Christus (Müller FHG 2. 217):

»Sie leben von der Räuberei, haben keine Gesetze, nur Gebräuche, und werden von alters her von den Frauen beherrscht.«

Ganz eindeutig schreibt Herakleides sie würden von Frauen beherrscht, καὶ ἐκ παλαιοῦ γυναικοκρατοῦνται. Gyne ist im Griechischen die Frau, kratein heißt herrschen. Diesen Ausdruck gynaikokrateistai, hat Bachofen übernommen. Deshalb spricht er von Gynaikokratie.

Nymphis, aus dem 3. Jahrhundert v. Chr., wiederholt Herodots Bericht, sie würden sich nach den Müttern nennen und nicht nach den Vätern. Er erzählt dazu noch eine Vorgeschichte aus der griechischen Mythologie, die von Plutarch, der diesen Bericht des Nymphis wiedergibt, durch eine andere ergänzt wird. Es handelt sich um die Heldentaten des Bellerophon, der auch die Amazonen besiegt haben soll und in Bachofens Mythendeutung zum Mutterrecht überhaupt eine große Rolle spielt (Plut. mul. virt. 9).

Der letzte der Historiker ist Nikolaos von Damaskus, aus dem 1. Jahrhundert v. Chr. Bei ihm heißt es (Müller FHG 3. 461):

»Die Lykier erweisen den Frauen mehr Ehre als den Männern. Sie nennen sich nach der Mutter und vererben ihre Hinterlassenschaft auf die Töchter, nicht auf die Söhne.«

Der größte Teil auch des ersten Kapitels besteht aus der Deutung griechischer Mythen, in deren Mittelpunkt Bellerophon steht, der mythische Sohn des korinthischen Königs Glaukos, dessen Abenteuer – die Tötung der Chimäre, der Sieg über die Amazonen – in diesem Teil Kleinasiens stattgefunden haben sollen. Bachofen stützt sich in seiner Beweisführung dabei auf eine doppelte Realität dieser Mythen. Zum einen geht er davon aus, daß sie auf der Erinnerung an reale geschichtliche Vorgänge beruhen, und zum anderen, daß diesen geschichtlichen Vorgängen allgemeine Entwicklungen zugrundeliegen, die dem entsprechen, was er an allgemeinem aus diesen Mythen herausliest. Mythen als Erinnerung an reale und universale Geschichte. Sicherlich ist das methodisch nicht unbedenklich, und die zeitgenössische Wissenschaft hat das auch mit kopfschüttelnder Ratlosigkeit zur Kenntnis genommen. Aber er beherrscht die Methode mit bewundernswerter Virtuosität. Bellerophon erscheint dabei als Wendepunkt in der Entwicklung des Matriarchats, die nirgendwo in diesem Riesenwerk im Zusammenhang geschildert wird. Bellerophon, der die Amazonen besiegt und das Mutterrecht der Lykier begründet, zeigt nämlich das Matriarchat im Kampf mit dem Männerrecht, das diesen Kampf jedoch nur mit einem teilweisen Sieg beendet. Nur die »amazonische Ausartung der weiblichen Herrschaft« findet ihren Untergang, nicht das Mutterrecht selbst, im Gegenteil, es kommt erst jetzt zu seiner höchsten sittlichen Stufe.

Versucht man, die an verschiedenen Stellen des Werkes jeweils einzeln geschilderten Stufen in einen Zusammenhang zu bringen, dann ergibt sich etwa folgendes Bild. Obwohl die Frauen von Anfang an physisch unterlegen gewesen seien, hätten sie sich doch in der ersten Entwicklung der menschlichen Gesellschaft durch ihr Übergewicht im Kultus, durch ihre »religiöse Weihe« gegen die physische Kraft der Männer durchgesetzt. Dabei stand am Anfang der Geschichte nicht die Ehe, sondern der Hetärismus, also die freie Geschlechtsgemeinschaft mehrerer Frauen mit mehreren Männern. Aus dieser Zeit stammt der Brauch, sich nach der Mutter zu nennen und nicht nach dem Vater, denn der Vater war wegen des regellosen Zusammenlebens der Frauen mit mehreren Männern nicht festzustellen. Dieser Hetärismus war verbunden mit gemeinsamem Besitz der zusammenlebenden Frauen und Männer. Am Anfang stand also, wie später bei Morgan und Engels, die Gruppenehe und der Urkommunismus. Auch diese Annahme dürfte wohl zu der starken Ablehnung durch die Wissenschaft seiner Zeit beigetragen haben. Der Hetärismus sei – das begründet er nicht weiter – ein Mißbrauch der Frauen durch die Männer gewesen. Gegen diesen Mißbrauch durch die Männer entwickelt sich der Widerstand der Frauen. Dieser Widerstand führt zum Krieg der Frauen gegen die Männer, zum Amazonentum. Als Amazonen führen die Frauen ein kriegerisches und unstetes Leben, das sie dann später wieder aufgeben. In den eroberten Gebieten gehen sie allmählich über zu häuslicher Niederlassung in den von ihnen gegründeten Städten. Es entsteht die geordnete Gynaikokratie, das eigentliche Mutterrecht. Der Mißbrauch durch die Männer ist beendet, das Institut der Ehe entstanden. Eine Frau lebt nun mit einem Mann. Sowohl im Staat wie in der Ehe herrschen die Frauen. Das ist der Zustand, den die griechischen Historiker für Lykien beschrieben haben. Allmählich wird dann die Herrschaft der Frauen zurückgedrängt, zuerst im Staat, dann in der Familie. Das ist der Übergang zum Patriarchat, den Bachofen im wesentlichen beschreibt als einen geistigen Prozeß, eine kulturelle Entwicklung, vom Weiblich-Stofflichen zum Männlich-Geistigen, von der weiblichen Natur zur männlichen Kultur, vom Stoff zum Geist. Am Ende steht die Herrschaft der Männer, der Triumph des Geistes, mit seiner extremen Form der »römischen Paternität«, der unumschränkten Herrschaft des römischen Vaters über seine Familie und die Staatsidee der Römer mit ihrem männlichen »Imperium«.

Das Matriarchat ist also eine allgemeie Kulturstufe der Menschheit, die bei allen Völkern vor dem Übergang zum Patriarchat zu finden ist. Das Patriarchat hat diese Vorstufe nur fast völlig verdeckt und damit die allgemein verbreitete Vorstellung von der Ursprünglichkeit der patriarchalischen Familie ermöglicht. Das wird von Bachofen nun im weiteren Fortgang seines Buches für andere Teile der alten Welt beschrieben. Nach Lykien behandelt er Kreta, dann Athen, Lemnos, Ägypten, Indien, Orchomenos in Böotien, Elis, die Lokrer, Lesbos und Mantinea. Seine Beweisführung ist historisch und – zum überwiegenden Teil – mythologisch. Die Interpretation der antiken Mythen ist zum Teil genial, zum Teil abenteuerlich. Historische Beweise gab es nicht mehr so viele. Die meisten fanden sich für Lykien. Für Ägypten gab es noch entsprechende Berichte, einen von Herodot, einen anderen bei Diodor. Beide hatten Ägypten besucht, der eine im fünften, der andere im ersten Jahrhundert v. Chr., zur Zeit des Augustus. Zur Einleitung seiner längeren Beschreibung von Land und Leuten in Ägypten berichtet Herodot wundersame Dinge. In Ägypten ist alles anders als in Griechenland. Unter anderem berichtet er (2.35):

> »Die Frauen gehen auf den Markt und handeln, und die Männer sitzen zu Hause und weben.«

Noch erstaunlicher ist die Darstellung des ägyptischen Ehevertrages bei Diodor. Er schreibt (1. 27. 2):

> »Und selbst im privaten Bereich erlangt die Frau durch den Ehevertrag die Herrschaft über den Mann, indem dieser verspricht, er werde in jeder Beziehung seiner künftigen Frau gehorchen.«

Es gibt noch einige andere historische Zeugnisse, weniger wichtige. Man kann sie übergehen.

Die eigentliche Stütze seiner Beweisführung bleibt die Mytheninterpretation. Hier ist er Meister. Eine seiner größten Leistungen ist die Erklärung der Orestie des Aeschylus im Kapitel über Athen (Bachofen 1948. 177-182). Orest hatte seine Mutter getötet, um seinen Vater zu rächen. Er war der Sohn Agamemnons, des mykenischen Königs von Argos. Der hatte bei der Ausfahrt der Griechen nach Troja seine Tochter Iphigenie getötet, als Opfer, um die Göttin Artemis zu besänftigen, die den Zug verhindern wollte. Als er von Troja zurückkommt, wird er deswegen von seiner Frau getötet. Klytämnestra ist die Mutter von Iphigenie, Orest und Elektra. Sie tötet Agamemnon, im Bad, gemeinsam mit Ägisth, ihrem Liebhaber. Orest wird von ihr in die Fremde geschickt, nach Phokis, wo er aufwächst. Als Erwachsener kehrt er zurück, als Rächer seines Vaters. Zusammen mit seiner Schwester Elektra tötet er Klytämnestra und Ägisth. Deswegen wird er von den Erinnyen verfolgt, den Rachegöttinnen. Sie klagen ihn an, vor dem Areopag, der unter dem Vorsitz Athenes zusammengetreten ist. Er wird von Apollo verteidigt, der erreicht, daß er freigesprochen wird, mit der Stimme Athenes, die bei gleicher Zahl den Ausschlag gibt.

Dieser Sieg des Apollo über die Erinnyen ist für Bachofen nun der Sieg des Vaterrechts über das Mutterrecht, des männlich-geistigen über das weiblich-stoffliche Prinzip. »Die überwiegende Verbindung des Kindes mit seiner Mutter wird aufgegeben« (Bachofen 1948. 181). Und damit hat dann auch die Ehe ihre wahre Höhe erreicht. Den Erinnyen war sie gleichgültig. Klytämnestras Verletzung galt ihnen nichts. Das ist die Nachwirkung des alten Hetärismus. Der Sieg des Vaterrechts über das Mutterrecht wird entschieden durch Athene, die ohne Mutter von ihrem göttlichen Vater gezeugt worden war. Sie und der apollinische Geist repräsentieren die Überwindung der Dunkelheit durch das Licht. Der Chor der Erinnyen singt (Aesch. Eumen. 808-809):

> »O neue Götter, alt Gesetz und uraltes Recht. Ihr rennt sie nieder, reißt sie fort aus meiner Hand!«

Die neuen Götter, das sind Apollo und Athene. Das uralte Recht, das durch sie niedergerannt wird, ist das Mutterrecht. Bachofens Interpretation ist richtig. Das hatte noch niemand gesehen. Aeschylos beschreibt tatsächlich den Übergang von einer alten zu einer neuen Ordnung, von einer, in der die Mütter, zu einer, in der die Väter bestimmen. Und die neue Ordnung, das ist Athen, das Griechenland der Zeit des Aeschylos, in dem wie in kaum einem anderen Land der Antike die Frauen unter der Herrschaft der Männer lebten.

Zur antiken Geschichte und Mythologie kommen auch ethnologische Bemerkungen. Im Kapitel über Ägypten beruft er sich auf zeitgenössische Beschreibungen afrikanischer Gesellschaften, auf Livingstones Bericht zum Beispiel über einen Stamm in Sambia, in dem die Frauen eine einflußreiche Stellung haben und die Kinder zur Familie der Frau gehören (Bachofen 1948. 309-314). Entsprechende Berichte über asiatische Völker im Himalaya, in Tibet, Nepal und über persische Stämme finden sich im Kapitel »Indien und Zentralasien«, auch der Bericht Marco Polos über die Tataren (S. 498-501). Es ist ein imponierendes Gemälde, das sich ausbreitet, von den frühesten Zeiten der alten Welt bis in die entferntesten Gebiete der Gegenwart. Imponierend und ermüdend. Denn auf über tausend Seiten wiederholt sich immer nur das eine Thema, von Hell und Dunkel, von Isis und Osiris, des weiblich-stofflichen und des männlich-geistigen Prinzips, das verbunden wird mit der Deutung, die schon Plutarch diesem Mythos gegeben hatte. Diese Deutung beruht auf der Philosophie Platons, auf seinen Lehren von Materie und Idee. Bachofen ist letztlich ein christlicher Neuplatoniker. Die Seele steigt aus den Niederungen des Stoffs empor zum Licht, zur Unsterblichkeit. Das ist der Weg vom Mutterrecht zum Vaterrecht.

Wer will es seinen Zeitgenossen verdenken, daß sie sich scheuten, ihm da zu folgen? Theodor Mommsen, der kühle Liberale, der exakte Philologe, auf diesem Weg romantischer Intuition, das ist in der Tat eine merkwürdige Vorstellung. Zumal dieser Weg steinig ist, gepflastert mit einer überwältigenden Fülle immer neuen, immer wieder gleichen Materials. Auch später, als das Buch berühmt geworden war, wird es nur wenige gegeben haben, die, wenn sie darüber sprachen, oder vielleicht sogar, wenn sie darüber schrieben, es auch gelesen hatten.

II. Morgans Urgesellschaft

1865, vier Jahre nach dem Erscheinen des »Mutterrechts«, kam Licht ins Dunkel seiner wissenschaftlichen Isolierung. Unabhängig von Bachofen war der englische Ethnologe John McLennan zu ähnlichen Ergebnissen gekommen. Das »Mutterrecht« hatte zum erstenmal den allgemeinen Glauben an die Ursprünglichkeit und Naturgegebenheit der monogamen patriarchalischen Familie erschüttert. McLennan gab ihm den zweiten Stoß. In seinem Buch »Primitive Marriage« beschrieb er eine historische Entwicklung, die er aus seinen ethnologischen Studien ableitete. Auch sie lief über die Promiskuität zu einem Mutterrecht und erst von dort zum Patriarchat. Vieles an seinen Klassifikationen blieb unklar, zumal er seine eigentliche Entdeckung, die von Endogamie und Exogamie in frühen Gesellschaften, noch nicht in den Griff bekommen hatte, die Beobachtung nämlich, daß es Gruppen gibt, innerhalb derer man heiraten darf oder nicht heiraten darf. Das ist dann Henry Morgan gelungen, der 1877 mit seiner »Ancient Society« die wichtigste Bestätigung für Bachofen brachte.

Morgan hat mit diesem Buch das Fundament gelegt für die ethnologische Forschung unseres Jahrhunderts. Es beruht auf der Entdeckung der Verwandtschaftsstruktur der Irokesen, einer Gruppe von nordamerikanischen Indianerstämmen im Staat New York, in dem er selber lebte. Diese Verwandtschaftsstruktur, die agnatische, unterscheidet sich grundlegend von unserer, die man als kognatisch bezeichnet. In unserem kognatischen Verwandtschaftssystem ist ein Kind sowohl mit der Familie seiner Mutter als auch mit der seines Vaters verwandt, es gehört sowohl zur Familie seines Vaters als auch zur Familie seiner Mutter. Es hat zwei Großelternpaare, eines mütterlicherseits, eines väterlicherseits, vier Urgroßelternpaare und so weiter. Die Verwandtschaft in unserem Stammbaum breitet sich aus wie ein Fächer, der nicht nur in der Tiefe, sondern auch in der Breite ins Unendliche geht. Anders ist es im agnatischen Verwandtschaftssystem. Man kannte es an sich schon aus der Antike. Agnatische Verwandtschaft gab es im frühen Griechenland und im frühen Rom. Aber richtig verstehen kann man es erst an dem lebendigen Beispiel, das Morgan beschrieb. Im agnatischen System gilt ein Kind als verwandt entweder nur mit der Familie seiner Mutter oder mit der seines Vaters. Es hat nur ein Großelternpaar, nämlich entweder die Eltern seiner Mutter oder die seines Vaters, genau gesprochen sogar nur entweder einen Großvater oder eine Großmutter. Denn wenn es nur als verwandt gilt mit der Familie seiner Mutter, nicht mit der seines Vaters, dann gilt auch seine Mutter nur als verwandt mit ihrer Mutter und deren Familie, nicht mit ihrem Vater, der zu einer anderen Familiengruppe gehört, nämlich zu der Familie seiner Mutter. Das Kind ist also agnatisch verwandt nur mit seiner Mutter, seiner Großmutter, seiner Urgroßmutter und so weiter, und mit deren Kindern und mit den Kindern ihrer Töchter, Enkelinnen und Urenkelinnen. Oder es ist nur verwandt mit seinem Vater, seinem Großvater, seinem Urgroßvater und so weiter, und mit deren Kindern und mit den Kindern ihrer Söhne, Enkel, Urenkel und so weiter. Weil nach hinten gesehen entweder nur die eine Mutter, Großmutter, Urgroßmutter oder entsprechend nur die männlichen Ahnen zählen, hat der Stammbaum für das einzelne Kind also nur die Form einer einfachen Linie, nicht die eines Fächers. Deshalb bezeichnet man agnatische Verwandtschaftssysteme auch als einlinig, spricht von einlinigen Abstammungsgruppen. Je nachdem, ob die Verwandtschaft über die Mütter oder über die Väter läuft, spricht man von Matrilinearität und Patrilinearität. Das römische agnatische Verwandtschaftssystem war patrilinear. Patrilinearität war das einzige, das man bis dahin kannte. Auch das alte griechische System gehörte dazu. Die Irokesen waren eine matrilineare Gesellschaft. Agnatische Verwandtschaft und Patrilinearität waren bis zu dieser Entdeckung Morgans sozusagen dasselbe. Niemand dachte daran, daß es auch agnatische Matrilinearität geben könnte auch Bachofen nicht, als er Herodots Bericht über die Lykier las. Jetzt erst, nach Morgans Entdeckung, verstand man richtig, was er beschrieben hatte. Die Lykier Herodots konnte man erst richtig verstehen durch Morgans Irokesen. Es ging im übrigen auch nicht nur um mehr oder weniger wichtige Fragen der Verwandtschaftsorganisation.

Das war nämlich die zweite große Entdeckung, die Morgan gemacht hatte, daß diese Verwandtschaftsorganisation der Irokesen identisch war mit ihrer politischen Ordnung. Er hatte nicht nur ein neues Verwandtschaftssystem gefunden, sondern ein bis dahin unbekanntes politisches System entdeckt: die geordnete

Anarchie. Es gab in den verschiedenen irokesischen Stämmen keine andere Gliederung als die dieser einlinigen Abstammungsgruppen. Modern gesprochen: Es gab keine Zentralinstanz, nur solche Gruppen mit ihren Ältesten. Ein Stamm von mehreren Tausend Menschen bestand aus mehreren Verwandtschaftskollektiven von etwa hundert bis zu einigen hundert Mitgliedern. Rechnet man nämlich in den Generationen weit genug zurück, ergeben sich auch bei diesem einlinigen System ziemlich große Zahlen von lebenden Verwandten, die alle ihre Abstammung auf dieselbe Urmutter zurückführen. Morgan bezeichnet ein solches Kollektiv als Gens. Das war der alte römische Ausdruck für die – patrilineare – agnatische Verwandtschaftsgruppe. Und er bezeichnet eine Gesellschaft, in der der Stamm lediglich aus dem Nebeneinander mehrerer Gentes bestand, als Gentilgesellschaft. Die Beschreibung der Organisation und des Funktionierens der Gentilgesellschaft ist der wichtigste Teil seines Buches. Er umfaßt zwei Drittel seines Umfangs. Als später zu Beginn unseres Jahrhunderts die ethnologische Feldforschung begann, hat man überall in den Ländern der heutigen dritten Welt solche Gesellschaften gefunden, matrilineare, patrilineare, auch verschiedene Mischsysteme, viele hundert, die im wesentlichen so organisiert waren wie die von Morgan beschriebene Gesellschaft der Irokesen. Die Beschreibung und Analyse dieser Gesellschaften ist die Leistung der von Malinowski und Radcliffe-Brown begründeten englischen social anthropology. Sie beschrieb im einzelnen die von Morgan entdeckte Einheit von Verwandtschaftsordnung und politischer Ordnung (Fortes 1969. 3-17) und hat diese Gesellschaften als akephale abgegrenzt gegenüber kephalen Häuptlingsgesellschaften und frühen Königreichen.

Die Gentilgesellschaft in ihrer von Morgan bei den Irokesen gefundenen ursprünglichen Form hat keine Zentralinstanz. Es gibt keinen Häuptling, der an der Spitze des Stammes steht. Der Stamm besteht aus dem selbständigen und autonomen Nebeneinander von einlinigen Abstammungsgruppen. Die social anthropology nennt sie lineages. Auch innerhalb der Gens gibt es keine Hierarchie, wohl aber einen Sprecher, den Sachem, der bei den Irokesen von allen Mitgliedern, Männern wie Frauen, wie Morgan sagt, gemeinsam bestimmt wird und jederzeit wieder abberufen werden kann. Der Sachem hat innerhalb dieses Verwandtschaftskollektivs keine Befehlsgewalt, sondern nur Sprecher- und

Vermittlerfunktion. Er vertritt die lineage auch nach außen, ist Mitglied des Stammesrates. Eine Besonderheit der Irokesen war, daß ihre fünf Stämme seit dem 15. Jahrhundert eine militärische Konföderation bildeten, den Bund der Irokesen, mit einem gemeinsamen großen Rat von fünfzig Mitgliedern, die ebenfalls von den einzelnen Gentes der einzelnen Stämme bestimmt wurden und ebenfalls jederzeit wieder abberufen werden konnten. Die autonomen Gentes, die innerhalb des Stammes zusammenlebten, als autonome Segmente der Gesamtgesellschaft, waren verbunden durch vielfältige Heiratsbeziehungen. Das von McLennan noch nicht durchschaute Puzzle von Endogamie und Exogamie löste Morgan ebenso genial wie einfach auf. Die Gens ist exogam. Mit anderen Worten: Die Verwandten durften einander nicht heiraten. Sie mußten ihre Männer oder Frauen in den anderen Gentes des Stammes suchen. Denn der Stamm ist endogam. Man heiratet grundsätzlich innerhalb des Stammes. Diese Kombination von Exogamie der Gens und Endogamie des Stammes bewirkt die Einheit und das Gleichgewicht der Gesellschaft. Morgan wird nicht müde, ihre Freiheit, Gleichheit und Brüderlichkeit und ihren zutiefst demokratischen Charakter zu beschreiben. Er hatte eine Gesellschaft ohne Herrschaft entdeckt, die gleichwohl wunderbar geordnet war. Eine egalitäre Gesellschaft, eine geordnete Anarchie. Thomas Hobbes war widerlegt, jedenfalls in seiner Ansicht vom Ursprung des Staates. Hier gab es Menschen, die friedlich nebeneinander lebten, ohne dessen schützendes Dach, und ohne sich gegenseitig zu zerfleischen.

Morgan hat sich nun nicht darauf beschränkt, die Gesellschaft der Irokesen zu beschreiben. Er sah die Übereinstimmung dieser Ordnung mit der frühen griechischen und römischen Gentilgesellschaft. Also versuchte er, eine allgemeine Entwicklungsgeschichte der Menschheit zu schreiben, die Geschichte der Urgesellschaft, von der Wildheit über die Barbarei bis zur Zivilisation, wie er die drei von ihm angenommenen Entwicklungsstufen nannte. Wie viele andere, z. B. auch Bachofen, steht er mit diesem später besonders von Ethnologen oft gescholtenen Evolutionismus in der Tradition des 19. Jahrhunderts, in der Tradition Darwins und eines noch ungebrochenen Glaubens an den Fortschritt. Wieder steht am Anfang der menschlichen Geschichte die Promiskuität der Jägerhorde, die er aus ethnologischen Daten herauszulesen meint. Die weitere Entwicklung der Familienformen ist gekennzeichnet durch eine immer stärkere Eingrenzung des Kreises der möglichen Partner für die Paarung, und zwar, auch hier steht er in der Tradition Darwins, aus Gründen der biologischen Zuchtwahl. Das ergibt eine stark konstruktivistische Geschichte der Familie, die man ihm ziemlich bald widerlegt hat, mit der berühmten Punaluafamilie und ähnlichen komplizierten Konstruktionen. Schließlich, noch auf der Stufe der Wildheit, also vor der Seßhaftigkeit der Menschen, entsteht – nach seiner Meinung aus diesen biologischen Gründen zur Verhinderung der Inzucht – die Gens mit ihrer Exogamie, die dann bis zur Entstehung des Staates die politische Organisationsform der Urgesellschaft bleibt.

Nun kommt die entscheidende Übereinstimmung mit Bachofen (Morgan 1908. 295 f.). Da die nordamerikanischen Indianer, bei denen er die Matrilinearität entdeckt hatte, auf einer sehr frühen Kulturstufe standen, im Gegensatz, wie er meinte, zu den griechischen und römischen Stämmen mit ihrer Patrilinearität, geht er davon aus, daß die Abstammung in der Mutterfolge die historisch frühere sei. Er führt sie, wie Bachofen, darauf zurück, daß am Anfang der Entwicklung die Gruppenehe existierte, die Geschlechtsgemeinschaft mehrerer Frauen und mehrerer Männer, und daß deshalb immer nur sicher gewesen sei, wer die Mutter eines Kindes war. Und er geht noch einen Schritt weiter in der Übereinstimmung mit Bachofen. Er folgt ihm nämlich auch in der Annahme eines ursprünglichen Matriarchats und gebraucht dafür den Ausdruck Gynaikokratie.

Ein wenig unbehaglich muß ihm dabei schon gewesen sein, denn im Grunde widerspricht das ja seiner immer wieder geäußerten Begeisterung für die Freiheit, Gleichheit und Brüderlichkeit der Gentilgesellschaft. Jedenfalls geht er darauf auch nur sehr kurz ein (Morgan 1908. 295 f.), ganz am Ende seiner langen Beschreibung dieser Gesellschaft, dort, wo er den Übergang von der Matrilinearität zur Patrilinearität behandelt. Er führt ihn darauf zurück, daß mit der Zunahme der Produktivität in der Landwirtschaft, besonders mit dem Zuwachs an Vieh, die »Idee des Privateigentums« sich gegen den anfänglichen Urkommunismus des Kollektivs immer stärker durchgesetzt habe, die Männer das Vieh zunehmend als ihr privates Eigentum angesehen und damit auch das Bedürfnis entwickelt hätten, es auf ihre eigenen Kinder zu vererben, was bei der matrilinearen Organisation der

Gens überhaupt nicht möglich gewesen sei, weil hier die Kinder zur Gens der Mutter gehörten, deren Eigentum von dem des Vaters streng getrennt war. Dieser Ausschluß der Kinder von der Erbschaft des Vaters sei mit wachsendem Reichtum als ungerecht empfunden worden, deshalb habe sich die patrilineare Gens entwickelt. Danach sei dann auch die monogame Ehe entstanden, um zu gewährleisten, daß auch wirklich nur die Kinder dieses Vaters in seine Erbfolge kommen. Dies war für Morgan der entscheidende Schritt zum Zerfall der Gentilgesellschaft und zur Entstehung des Staates, indem die »Eigentumsidee« allmächtig wurde, der Eigennutz der Männer das kollektive Eigentum der Gens aufgehoben und das Privateigentum des einzelnen begründet hat, die Gens zerschlagen wurde und zum Schutz des Privateigentums des einzelnen statt dessen der Staat sich bildete, der notwendig wurde, weil das schützende Gehäuse der Gens nicht mehr existierte. Es entstand die herrschaftlich auf das Eigentum gegründete Klassengesellschaft und das Patriarchat.

Man kann also verstehen, warum die Ethnologie des zwanzigsten Jahrhunderts ihrem – durchaus bürgerlichen – Begründer auf diesem Weg in die Geschichte nicht gefolgt ist, sich enthistorisierte und darauf beschränkte, das Funktionieren dieser Gesellschaften zu beschreiben und zu analysieren. Zumal die andere Seite aufgepaßt und diese ganze Lehre schnell übernommen hatte. Der »Ursprung der Familie« von Friedrich Engels war schon sieben Jahre später erschienen, 1884.

Es blieb die erstaunliche Übereinstimmung und gegenseitige Ergänzung der Entdeckungen von Bachofen und Morgan. Was der eine in der frühesten Geschichte der Menschheit aufgespürt hatte, das hatte der andere in der Gegenwart, sozusagen vor seiner Haustür, ans Tageslicht gebracht. Konnte es einen besseren Beweis für das Matriarchat, konnte es irgendeinen Zweifel daran jetzt überhaupt noch geben? Nun, es blieb ja noch eine klare Unstimmigkeit. Von einer Herrschaft der Frauen, von einer Gynaikokratie hatte Morgan im größten Teil seiner Darstellung der Gentilgesellschaft nichts gesagt. Erst zum Schluß hatte er, sozusagen in einer Art historischer Ergänzung, kurz ihre Existenz für die früheste Zeit angenommen. Aus den Verhältnissen bei den Irokesen, so wie er sie vorher dargestellt hatte, ergab sich nichts, was einen Schluß auf matriarchalische Zustände zugelassen hätte. Was er beschrieb, war Matrilinearität und allgemeine Gleichheit und Demokratie. Der Schluß von der Matrilinearität auf das Matriarchat jedenfalls war überhaupt nicht zwingend.

Die Ethnologen der späteren Zeit, die überall auf der Welt später eine große Zahl matrilinearer Gesellschaften entdeckten und beschrieben, haben immer wieder betont, daß trotz der Bildung von Abstammungsgruppen in der Mutterfolge von einer Herrschaft der Frauen nichts zu sehen sei, im Gegenteil. Wenn jemand bei ihnen Macht ausübte, dann waren es immer die Männer, und die Stellung der Frauen bei ihnen war zum Teil sogar ausgesprochen schlecht. Wie konnte es passieren, daß Morgan, der eine matrilineare Gesellschaft in ihrer Gegenwart beobachten konnte – oder jedenfalls fast in ihrer Gegenwart, denn was er beschrieb, waren Zustände des 18. Jahrhunderts, die er zum Teil auch rekonstruieren mußte – wie konnte es passieren, daß er den gleichen Fehler machte wie Bachofen, von der Matrilinearität auf ein Matriarchat zu schließen?

Die Erklärung ist sehr einfach. Die Irokesen sind nämlich zufällig eine der ganz wenigen matrilinearen Gesellschaften, in denen die Frauen tatsächlich eine erstaunlich starke Stellung haben, nicht nur in der Familie, sondern auch im politischen Leben des Stammes. Von den über hundert Gesellschaften, die man kennt, sind sie wohl sogar die einzige, die man mit einem gewissen Recht als matriarchalisch bezeichnen kann. Das hat besondere Gründe, die später (im Kapitel XVI) erklärt werden. Morgan muß das gewußt haben. Aber ihn interessierte dieses Problem nicht. Er interessierte sich für den Aufbau und die Verwandtschaftsform von Gentilgesellschaften, in denen er mit ihrer Gleichheit, Freiheit und Brüderlichkeit das ideale Abbild einer demokratischen bürgerlichen, nämlich seiner eigenen amerikanischen Gesellschaft sah. Das Verhältnis von Fauen und Männern, das Ob und Wie von Freiheit oder Herrschaft in diesem Bereich, das interessierte ihn nicht. Deshalb erwähnt er in seinem Bericht über die Organisation der Gentes und Stämme der Irokesen auch die Tatsachen gar nicht, die rechtfertigen, sie eine fast matriarchalische Gesellschaft zu nennen. Nur eben am Ende seiner Darstellung, dort, wo er den historischen Übergang behandelt von Matrilinearität zur Patrilinearität, übernimmt er die Beobachtungen Bachofens, und zwar durchaus nicht leichtfertig. Aber das war wirklich ein Zufall. Fast jede andere matrilineare Gesellschaft hätte ihn eines besseren belehrt.

III. Engels' Ursprung der Familie

Für Marx und Engels war Morgans »Ancient Society« eine Fundgrube an Erkenntnissen über vorkapitalistische Produktionsweisen. Sogar in der Methode war man sich einig, denn auch für den bürgerlichen Morgan war der entscheidende Motor in der menschlichen Geschichte die Entwicklung der materiellen Produktion. Marx hatte sich am Ende seines Lebens ausführliche Exzerpte gemacht (Krader 1973. 19-48), auf deren Grundlage Engels dann ein Jahr nach seinem Tod, 1884, den »Ursprung der Familie, des Privateigentums und des Staats« geschrieben hat. In »Vollführung eines Vermächtnisses«, wie er in der Vorrede bemerkt (Engels 1884, MEW 21. 27). Der Inhalt stammt von Morgan, auch der methodische Ansatz ist der gleiche. Es ist eine brillante Zusammenfassung von »Ancient Society«. Dieses Buch nämlich war Morgan ähnlich wie Bachofens »Mutterrecht« sehr ausführlich geraten. Es ist nicht leicht zu lesen. Engels stellt um, kürzt, verzichtet auf viele Einzelheiten, die die große Entwicklungslinie stören. Er ergänzt in der Geschichte der Familienformen wesentliche Gedanken zur Frauenfrage, für die Morgan sich nicht interessiert hatte (Engels 1884, MEW 21.61-84, besonders S. 68: »die erste Klassenunterdrückung [fällt zusammen] mit der des weiblichen Geschlechts durch das männliche«). Er ergänzt die Beweisführung für die Exogamie der frühen römischen Gens durch das Beispiel der Fecenia Hispală, über die Livius berichtet, den Mommsen, weil er Morgan nicht kannte, noch falsch verstanden hatte (Engels 1884, MEW 21. 119-122). Aus den vielen Beweisen Morgans für die Gentilstruktur in anderen Gesellschaften wählt er neben den Griechen und Römern nur noch die Germanen aus. Dadurch wird die Darstellung sehr viel klarer. Und er verschiebt das Schwergewicht in der Beschreibung der Entwicklung.

Morgans Hauptinteresse lag in der Darstellung und Analyse der Gentilgesellschaft. Das war sein Thema, das Funktionieren dieser Gesellschaft und ihr Zusammenhang mit den Familienformen. Engels interessiert sich für den Ursprung des Staates. Der Staat – der Herrschaftsapparat – ist sein Gegner. Es gilt zu zeigen, daß er nicht von Gott gegeben und unvermeidlich ist, sondern aus dem Egoismus der Menschen entstanden, genauer gesagt: der Männer. Also liegt bei ihm das Schwergewicht in der Beschreibung des Übergangs, der Entwicklung von der Gentilgesellschaft zur staatlichen Verfassung. Deshalb ist bei ihm der Abschnitt über die früheste Entwicklung in Griechenland und Rom sehr viel ausführlicher als bei Morgan. Das demokratische Element der Gentilverfassung, das Morgan immer wieder betont, ihre Freiheit, Gleichheit und Brüderlichkeit, erscheint bei ihm nicht in dieser Eindringlichkeit, ist leicht zurückgenommen und wird mit der unterentwickelten Produktion und der geringen Größe dieser Gesellschaften erklärt, die er von vornherein als dem Untergange geweiht ansieht. Für Morgan hat die Gentilgesellschaft einen eigenen wichtigen Wert als eine Möglichkeit der Existenz freier Menschen. Bei Engels ist sie eher ein idyllisches Zwischenspiel auf dem Weg zum Moloch Staat, eine Episode, die ihm dazu dient, die Gegenwart zu erklären und den Staat zu kritisieren. Im übrigen folgt er in allen wesentlichen Einzelheiten der Darstellung Morgans. Er ist sehr viel prägnanter, faßt regelmäßig drei große Kapitel bei Morgan zusammen zu einem kleinen und schreibt in einer sehr viel klareren, kräftigeren und teilweise auch deftigen Sprache.

Für Bachofens Matriarchat bedeutet das eine außerordentliche Verstärkung, allerdings von einer Seite, deren Unterstützung ihm unangenehm gewesen sein muß, wenn er sie, drei Jahe vor seinem Tod, noch wahrgenommen hat. Von hier aus verbreitete es sich in die marxistische Literatur der ganzen Welt, meistens auch unter Berufung auf ihn, bis in unsere Tage. Es war auch bis vor kurzem nicht bekannt, daß Marx in bezug auf manche Einzelheiten hier sehr viel skeptischer gewesen war als Engels. Zum Beispiel in der Frage der Hordenpromiskuität und des Hetärismus (Krader 1973. 67). In seinen Exzerpten zu Morgan hatte er sich sehr kritisch zu Bachofen geäußert (»echter deutscher Schulgelehrter«, Krader 1973, 29). Es war eine bemerkenswerte Dreieinigkeit, die die Lehre vom Matriarchat für fast ein Jahrhundert in der marxistischen Literatur begründet hatte. Bachofen, Morgan und Engels. Ein erzkonservativer Patrizier, ein bürgerlicher Liberaler und ein kämpferischer Sozialist.

IV. Zustimmung und Ablehnung

Es kam aber auch noch Zustimmung von anderer Seite. Das »Mutterrecht« wurde eines der berühmten Bücher des 19. Jahrhunderts. Um die Jahrhundertwende wird Bachofen von den Münchner »Kosmikern« entdeckt, von Ludwig Klages und Karl Wolfskehl. Damit ist er philosophisch und literarisch salonfähig geworden. Seine Gedanken finden Eingang in die große Literatur, bei Gerhart Hauptmann, Rilke, Thomas Mann und Walter Benjamin (Heinrichs 1975). Das Matriarchat gehört nun zum allgemeinen Bildungsgut. Es findet Eingang in die Psychologie, neben Sigmund Freud besonders bei Wilhelm Reich (1932) und Erich Fromm (1970). Max Horkheimer (1936. 66-70) ist Bachofen gefolgt und Georg Lukács. Lukács allerdings mit methodischer Kritik von links: Bachofens mystisch-idealistische Theorie sei erst von Engels auf die Füße gestellt worden (1965. 116), was nicht ganz korrekt ist, weil er dabei Morgan übersieht. Vernichtend ist die Kritik an Bachofen bei Ernst Bloch (1975. 115-129).

In der Geschichtswissenschaft veränderte sich das Klima seit den siebziger und achtziger Jahren. Es gab einzelne Untersuchungen, die Bachofens Entdeckung übernahmen und ausbauten (Giraud-Teulon 1874, Dargun 1883, Wilken 1884, Friedrichs 1889). Auch heute noch sind die Meinungen hier geteilt. Zustimmung gibt es etwa von Ernst Kornemann und Karl Kerényi. Fritz Schachermeyr ist mit seiner Darstellung der »mutterrechtlichen« Züge in der minoischen Kultur des alten Kreta sehr stark abhängig von Bachofen (Kornemann 1927, Kerényi 1945, Schachermeyr 1964. 126-128). Im allgemeinen aber überwiegt die Ablehnung. Martin P. Nilsson, der Historiker der antiken Religion, widmet Bachofens »mutterrechtlichen Spekulationen« in seinem großen Werk nur eine kurze ablehnende Anmerkung (1955. 456 A. 6). Die Rechtsgeschichte blieb bis heute völlig ablehnend (z. B. Wieacker 1956), mit einer Ausnahme, nämlich Joseph Kohlers, der hier aber mehr als Sprecher der ethnologischen Jurisprudenz aufgetreten ist. Dazu gleich. Gordon Childe stellt für die Vor- und Frühgeschichte fest, daß sich ein Matriarchat aus dem archäologischen Material nicht nachweisen läßt. Er geht sogar noch weiter und meint, es sei sehr unwahrscheinlich.

Gräberfunde der Frühzeit würden eher darauf deuten, daß die Frauen den Männern untergeordnet gewesen seien (1951, 55 f.). Eher positiv hat sich nach den aufsehenerregenden Ausgrabungen in Çatal Hüyük im südlichen Anatolien der deutsche Frühhistoriker Karl J. Narr geäußert (1968). Daß man aus den vielen Funden kleiner weiblicher Statuetten der späten Altsteinzeit und frühen Jungsteinzeit keine Schlüsse ziehen könne, ist wohl zu Recht allgemein verbreitete Meinung.

In der Ethnologie verwandelte sich die Zustimmung von MacLennan, Morgan und Tylor sehr bald in totale Ablehnung. Das hatte zwei Gründe. Zum einen lag es an ihrer Enthistorisierung. Geschichtliche Überlegungen galten in der social anthropology als unwissenschaftlich. Erst in letzter Zeit hat sich das wieder leicht verändert. Zum anderen, und das war entscheidend, lernte man andere matrilineare Gesellschaften kennen, in denen durchaus die Männer die Oberhand hatten. Schon 1891 hatte Edward Westermarck in seiner »History of Human Marriage« diesen Einwand erhoben. Sowohl in der Familie als auch in der Politik könnten Männer in matrilinearen Gesellschaften dominieren. Der Schluß von der Matrilinearität auf ein Matriarchat sei unzulässig. Seitdem war die Diskussion darüber in der Ethnologie für viele Jahrzehnte beendet, mit wenigen Ausnahmen.

Da war zunächst die deutsche Ethnologische Jurisprudenz um Albert Post und Joseph Kohler, die sich in enger Abhängigkeit von Bachofen und Morgan entwickelt hatte. Letztlich war sie eine Spätblüte des deutschen Kolonialismus, eine merkwürdige Kombination von Rechtswissenschaft, Ethnologie und Entwicklungsgeschichte. Nach dem ersten Weltkrieg war ihre Zeit beendet. Joseph Kohler ist ein bedeutender Jurist und Rechtshistoriker gewesen. Bis in die zwanziger Jahre hat er Bachofens Lehre vertreten. In der rechtshistorischen Forschung wurden seine Ausflüge in die Ethnologie allerdings nie ernst genommen. Man behalf sich damit, dies als »Kohlern« abzutun. In England war die Verbindung von Rechtsgeschichte und Ethnologie enger. Der Rechtshistoriker Paul Vinogradoff steuerte dort eine mittlere Linie zwischen Ablehnung und Zustimmung (1920. 188). Bachofen, Morgan und McLennan hätten übertrieben, wie es oft bei neuen Ideen passiere. Sie hätten von Matriarchat gesprochen und eine Gesellschaft gemalt, in der die Frauen wie die Amazonen herrschten. Dafür gäbe es keine Beweise. Aber die Untersuchungen zeigten, daß die Frauen in matrilinearen Gesellschaften eine Stellung von großer Bedeutung einnehmen könnten, in der Familie und im Stamm, die man, auch wenn das nicht ein Matriarchat sei, dem Patriarchat entgegensetzen könnte.

Erhalten blieb Bachofens Lehre dann noch bei Wilhelm Schmidt. Er ist der Koordinator der ethnologischen Forschung, die die Missionsarbeit des Jesuitenordens begleitet hat. In seinem Buch über das Mutterrecht (1955) verbinden sich wissenschaftliche und religiöse Erkenntnisinteressen zu einem ethnologischen Marienkult. Religiöse Vorstellungen dieser Art hatten auch schon im Hintergrund des Bachofenschen Werkes gestanden.

Einhellige Zustimmung gab es dagegen bis vor kurzem in der marxistischen Literatur der sozialistischen Länder. Über Morgan, Engels und August Bebel ist das Matriarchat zum Allgemeingut der materialistischen Geschichtsschreibung geworden. Außerhalb der Grenzen dieser Länder ist der prominenteste marxistische Anhänger der englische Historiker George Thomson. Fast ein Drittel seines Buches über die Frühgeschichte Griechenlands (1960) behandelt das Matriarchat, auf der Grundlage der Arbeiten von Bachofen und Morgan. Langsam aber regten sich auch in dieser Literatur die Zweifel. Man konnte an den Einwendungen der westlichen Ethnologen auf die Dauer nicht vorübergehen. Irmgard Sellnow aus der Deutschen Demokratischen Republik spricht 1961 in ihrem Buch über »Grundprinzipien einer Periodisierung der Urgeschichte« nicht mehr von Matriarchat, sondern nur noch von Matrilinearität. Das ist dann offiziell geworden in der amtlichen DDR-Weltgeschichte, die unter ihrer Leitung von einem Autorenkollektiv verfaßt worden ist (Sellnow 1977. 59). In der Sowjetunion scheint es ähnlich zu sein (Fluehr-Lobban 1979. 345), obwohl das offizielle Lehrbuch der politischen Ökonomie auch 1970 noch die Lehren von Bachofen, Morgan und Engels wiedergibt (Lehrbuch 1970. 55).

Zur bürgerlichen Philosophie, Psychologie und Literatur auf der einen und dem historischen Materialismus auf der anderen Seite kam in den zwanziger Jahren das Buch von Briffault und die feministische Literatur, die mit dem Mythos des Matriarchats ins Feld zog gegen den Mythos der natürlichen Überlegenheit der Männer. Das bemerkenswerteste dieser Bücher ist Robert Briffault, The Mothers, 1927. Es sind drei dicke Bände, die ebenso schwierig zu lesen sind wie Bachofen, noch umfangreicher sind und noch mehr Material bringen, allerdings keine neuen Perspektiven eröffnen, mit Ausnahme des neueren ethnologischen, in dem er sich verheddert. In Deutschland erschienen die Bücher von Mathilde Vaerting (1921) und Eckstein-Diener (1932). Seit dem Beginn der Frauenbewegung in den sechziger Jahren hat man auf diese Literatur zum Teil wieder zurückgegriffen. Sie ist wissenschaftlich ohne Wert. Immer wieder erscheinen Veröffentlichungen, die versuchen, sich in ihre Reihen zu stellen (zuletzt Fester, König, Jonas 1979). Den größten Anspruch erhebt Ernest Borneman (1975). Sein Buch soll für die Frauenbewegung werden, was Karl Marx mit seinem »Kapital« für die Arbeiterbewegung geleistet hat. Er ist dem wohl nicht gerecht geworden. Geschichte und Ethnologie sind nicht genau genug bearbeitet. Marx war viel kritischer, auch gegenüber Bachofen.

Nur wenige sahen so deutlich wie Marielouise Janssen-Jurreit (1977. 97-190) die theoretischen und politischen Probleme, die für eine emanzipatorische Bewegung darin liegen, sich auf die Ideen Johann Jakob Bachofens zu stützen. Zwar hatte Simone de Beauvoir schon 1949 kurz und klar geschrieben: »In Wirklichkeit ist dieses goldene Zeitalter der Frau nur ein Mythos« (1968. 77). Aber für viele war es, und ist es, doch immer wieder ein verlokkender Gedanke, der übersehen ließ, daß man mit der eigenen Herrschaft im goldenen Zeitalter auch eine Legitimation gab für die Herrschaft der Männer in der Gegenwart. Selbst in den Vereinigten Staaten, wo es in der Ethnologie eine große Zahl guter und bemerkenswerter feministischer Untersuchungen über die Stellung von Frauen in frühen Gesellschaften und über Matrilinearität gibt (Rosaldo, Lamphere 1974; Reiter 1975, Ardener 1975), beruft man sich wieder auf Bachofen, Morgan, Engels und ihr Matriarchat (Davis 1972, Elaine Morgan 1972, Reed 1975, sehr skeptisch aber: Millet 1970).

Der Altbasler Patrizier ist also noch immer sehr lebendig. Er wird wieder gedruckt (Bachofen 1975). Es werden – ein wenig in die Irre führende – Materialien zu seinem »Mutterrecht« veröffentlicht (Heinrichs 1975). Immer wieder wird er genannt werden und wird es Zustimmung und Ablehnung geben. Er hat seinen festen Platz in der europäischen Geistesgeschichte. Wenn man zwei Fraktionen bilden könnte, eine für den rationalen Geist und eine für den irrationalen, dann würde er sich auf die Seite der Irrationalen stellen, dorthin, wo das Gefühl im warmen Rembrandtschen Helldunkel lebt, weitab von der Kühle des Verstandes. Niemand kann ihm diesen Platz streitig machen. Was auf der anderen Seite von seiner Entdeckung übrigbleibt? Darüber wird man weiter reden müssen. Einiges ist geblieben. Man wird sehen, wieviel.

V. Begriffe und ihre Bedeutung

Vor der historischen Nachprüfung noch einiges zur Terminologie. Die Begriffe sind zum Teil verwickelt, zum Teil werden sie auch unterschiedlich gebraucht. Bachofen sprach von Mutterrecht und Gynaikokratie. Mutterrecht bedeutete für ihn das Übergewicht der Frau in der Familie und die Abstammungsfolge nach der Mutterseite. Das war seiner Meinung nach grundsätzlich verbunden mit einem politischen Übergewicht in der Gesellschaft, mit einer Herrschaft der Frauen über die Männer, mit Gynaikokratie. Gesellschaften mit Mutterrecht sind für ihn auch immer solche mit Gynaikokratie. Insofern gebraucht er die beiden Ausdrücke oft nebeneinander, ohne sie genauer zu unterscheiden. Engels braucht nur das Wort Mutterrecht, in gleicher Weise.

In den achtziger Jahren ist dann ein neues Wort aufgekommen. Matriarchat. Es bezeichnet, wie Mutterrecht und Gynaikokratie, das Übergewicht der Frau in der Familie und in der Gesellschaft. Im Gegensatz zum deutschen Wort Mutterrecht und zum griechischen Gynaikokratie ist es sprachlich gemischt, nämlich zusammengesetzt aus dem lateinischen mater, Mutter, und dem griechischen archein, herrschen. Es bedeutet Mutterherrschaft, in der Familie und in der Gesellschaft, als Gegenbegriff zum Patriarchat, das aus der späten griechischen Sprache stammt, nämlich aus der Septuaginta, der griechischen Übersetzung des Alten Testaments. Der Patriarch ist dort etwas Positives, der Stammvater, der Bischof. Bei Bachofen bedeutet es einfach die Herrschaft des Mannes in der Familie und in der Gesellschaft. Das Wort Matriarchat hat sich in der folgenden Zeit durchgesetzt und das alte griechische, Gynaikokratie, verdrängt.

Geblieben ist der Begriff Mutterrecht, allerdings mit sehr unterschiedlicher Bedeutung. Genauer gesagt: Es gibt drei verschiedene Bedeutungen des Wortes. Einige verwenden es, erstens, noch im Sinne Bachofens, als Synonym für Gynaikokratie oder Matriarchat. Andere gebrauchen es, zweitens, nur im Sinne von Matrilinearität, also einliniger agnatischer Abstammung in der Mutterfolge, als bloßen Verwandtschaftsbegriff. Man meint, das sei das einzige, was von Bachofens Entdeckung bei den Lykiern übriggeblieben sei. Insofern ist es dann bloß der Gegensatz zur Patrilinearität, der agnatischen Verwandtschaft in der Vaterfolge, und sagt über Dominanz von Frauen oder Männern gar nichts aus. Drittens wird es als Mischbegriff gebraucht, besonders in der Archäologie und in der alten Geschichte. Man hat inzwischen gelernt, daß Matrilinearität nicht Herrschaft von Frauen bedeuten muß. In Erinnerung an Bachofen meint man mit dem Wort Mutterrecht dann eine Mischung von Matrilinearität und doch immerhin ziemlich starkem familiären und – teilweise – auch gesellschaftlichem Einfluß der Frauen. Es bedeutet hier in erster Linie Matrilinearität, aber auch eine gewisse, nicht genauer beschriebene günstige Stellung von Frauen. Was jeweils gemeint ist, muß man aus dem Zusammenhang schließen. Häufig wird es offen gelassen. Das Wort ist ein Versteck geworden für Ratlose und Vielzüngige. Man sollte es meiden.

Eindeutig dagegen sind Matrilinearität und Patrilinearität. Allerdings gibt es in Wirklichkeit auch segmentäre Gesellschaften, die durchaus nicht so eindeutig einzuordnen sind. Es gibt Mischsysteme in verschiedenster Form. Matrilineare und patrilineare Gesellschaften sind die beiden äußersten Pole einer Vielzahl von agnatischen Verwandtschaftssystemen. Der Einfachheit halber ist es aber zulässig, sie als matrilinear oder patrilinear zu bezeichnen, wenn das Schwergewicht der verwandtschaftlichen Zuordnung auf der einen oder anderen Seite liegt.

Ähnlich ist es mit Matrilokalität und Patrilokalität. Diese Ausdrücke bezeichnen den Wohnsitz einer neuen Familie. Wo leben eine Frau und ein Mann, wenn sie eine Ehe führen wollen? Am Wohnsitz der Familie der Frau oder der des Mannes? Das erste bezeichnet man als Matrilokalität. Es kommt nur in matrilinearen Gesellschaften vor. Patrilineare Gesellschaften sind regelmäßig patrilokal. Im übrigen gibt es noch andere Wohnsitzsysteme, besonders in matrilinearen Gesellschaften, in denen im übrigen sehr häufig auch patrilokale Formen vorkommen. Je nachdem, ob dabei vorwiegend auf die Familie der Frau oder des Mannes abgestellt wird, ist es auch hier zulässig, der Einfachheit halber von Matrilokalität oder Patrilokalität zu sprechen.

Schließlich sind in der letzten Zeit noch zwei neue Begriffe aufgetaucht. Man spricht von Matrifokalität und matristischen Gesellschaften. Beides bedeutet etwa das gleiche. Man bezeichnet damit Gesellschaften, in denen Frauen ein gewisses Übergewicht in der Familie, manchmal auch in der Gesellschaft haben. Man hatte nämlich inzwischen erkannt, wie problematisch der Begriff Matriarchat ist, der Herrschaft meint, die es in frühen Gesellschaften anfänglich nicht gibt. Es kam hinzu die Diskussion darüber, ob Herrschaft und Gewalt in der Hand von Frauen etwas Besseres sei als in der Hand von Männern (Webster 1975. 153). Also erfand man diese beiden Wörter. Mit ihnen bezeichnet man regelmäßig Gesellschaften, die matrilinear und matrilokal sind. In ihnen kann die gesellschaftliche Stellung von Frauen außerordentlich gut sein, ohne daß es zulässig wäre, von einer Herrschaft zu sprechen. Mit anderen Worten: In ihnen werden die Männer nicht unterdrückt, wie in patriarchalischen Gesellschaften die Frauen. Deshalb spricht man nicht von einem Matriarchat, sondern gebraucht diese neuen Ausdrücke, was ebenfalls nicht so ganz unproblematisch ist, weil damit der Eindruck erweckt wird, es gäbe eine einheitliche Gruppe von matrifokalen oder matristischen Gesellschaften, möglicherweise auch noch in dem Sinne einer allgemeinen Kulturstufe in der historischen Entwicklung. Davon kann keine Rede sein. Die Gesellschaften sind außerordentlich verschieden. Eine allgemeine Entwicklung läßt sich nicht rekonstruieren. Das Wort matristisch hat außerdem wegen seiner Endung auf -istisch einen stark philosophisch-politischen Klang, der diesen Gesellschaften nicht angemessen ist. Deshalb sollte man sie eher als matrifokal bezeichnen, ein Ausdruck, der sich in der angelsächsischen Ethnologie langsam einbürgert. Er bedeutet, daß die Frau hier in der Mitte, im Focus, der gesellschaftlichen Beziehungen steht, was der Kombination von Matrilinearität und Matrilokalität besser entspricht.

Kurze Beschreibungen dieser Begriffe, und der wichtigsten anderen, der Bezeichnungen für Verwandtschafts- und Gesellschaftsformen, finden sich noch einmal am Ende der Studie, im Anhang hinter dem zwanzigsten Kapitel.

VI. Historische Nachprüfung: Lykien

Mit Lykien beginnt Bachofens Mutterrecht. Er stützt sich nicht nur auf die Mythologie, sondern nennt drei griechische Historiker und einen Philosophen, nämlich Herodot aus dem fünften, Herakleides Pontikos aus dem vierten, Nymphis aus dem dritten und Nikolaos von Damaskus aus dem ersten Jahrhundert v. Chr., jeden mit historischen Nachrichten über dieses Volk.

Herodot berichtet, die Lykier würden sich nach der Mutter benennen, nicht nach dem Vater. Frage man jemand, wer er sei, dann nenne er seine Mutter und die Mutter seiner Mutter. Auch das Bürgerrecht würde man bei ihnen über die Mutter erwerben, nicht über den Vater (Historien 1. 173). Die Analyse dieses Textes ist eindeutig. Was Herodot beschreibt, nennen wir Matrilinearität. Ein agnatisches Verwandtschaftssystem, das über die Mutter zählt. Bachofen hat daraus auf ein Matriarchat geschlossen. Wir wissen heute, daß es falsch war. In einer Gesellschaft, in der die Kinder den Namen der Frau tragen, muß ihre soziale Stellung nicht spiegelbildlich der eines Mannes gleichen, der in einer patriarchalischen Gesellschaft lebt, die den Kindern seinen Namen gibt. Dieser Einwand fällt jetzt leicht, nachdem man eine große Zahl matrilinearer Gesellschaften kennengelernt hat, in denen die Stellung von Frauen regelmäßig die gleiche ist wie in patrilinearen, nämlich ziemlich schlecht. Bachofen würde darauf antworten, daß er sich nicht allein auf Herodots Matrilinearität berufen, sie vielmehr im Zusammenhang interpretiert hat mit den drei anderen Zeugnissen, Nymphis, Nikoalos und Herakleides.

Nymphis – bei Plutarch, mulierum virtutes § 9 – sagt nicht mehr als Herodot. Sie nennen sich nach den Müttern, schreibt er, nicht nach den Vätern, und gibt noch eine mythologische Begründung dafür, die Geschichte von Bellerophon, der aus Scheu vor den hochgehobenen Röcken der lykischen Frauen auf seine Rache verzichtet habe. Der Lohn für diese Rettung des Volkes sei dann gewesen, daß die Kinder nach ihren Müttern benannt wurden. Das ist alles. Nichts von einem Matriarchat.

Nikolaos von Damaskus, Fragmente der griechischen Historiker (Jacoby) Nr. 90, Fragment 103:

»Sie ehren die Frauen mehr als die Männer, nennen sich nach ihrer Mutter und geben ihre Erbschaften nur auf die Töchter, nicht auf die Söhne.«

Das ist mehr. Die Ehrerbietung gegenüber Frauen allerdings sagt nicht viel. Sie ist, das lehren Vergangenheit und Gegenwart, eher ein Indiz für Unterdrückung als für Herrschaft. Anders ist es mit dem alleinigen Erbrecht der Töchter. Es wiegt schwerer. Was bedeutet es? Nun, auf ein Matriarchat kann man daraus auch nicht schließen. Aber es bedeutet, daß die Stellung der Frauen möglicherweise doch besser gewesen ist als in normalen matrilinearen Gesellschaften. Wahrscheinlich hängt es zusammen mit der Matrilokalität, die man in den lykischen Inschriften findet (Pembroke 1965. 222 f.). Wenn nämlich die Frauen mit ihren Männern bei ihrer eigenen Familie leben, und ihre Brüder zum großen Teil woanders, bei den Familien der Frauen, die sie geheiratet haben, dann ist es verständlich, wenn man die Familienhabe nur auf die Töchter vererbt. Nur sie bleiben regelmäßig am Familiensitz zusammen, nur so bleibt der Besitz möglichst ungeteilt. Diese Kombination von Matrilinearität und Matrilokalität würde kein Matriarchat bedeuten. Man kennt einige solcher Gesellschaften. In ihnen ist die Stellung der Frauen ziemlich gut, viel besser als in anderen matrilinearen. Aber nur in ganz seltenen Fällen ergibt sich daraus eine weibliche Dominanz. Von einer Herrschaft im Sinne Bachofens, von einer Gynaikokratie, kann man auch dort nicht sprechen.

Es bleibt Herakleides Pontikos. Ein Jahrhundert nach Herodot schreibt er, Fragmenta Historicorum Graecorum (Müller), Band 2, S. 217:

»Die Lykier leben alle von Räuberei und Piraterie. Sie haben keine geschriebenen Gesetze, nur ungeschriebene Gebräuche. Seit alten Zeiten werden sie von Frauen beherrscht. Die Meineidigen verkaufen sie als Sklaven über die Grenze und ihr Vermögen wird eingezogen.«

Bei ihm erscheint das Stichwort, das Bachofen übernommen hat: gynaikokrateisthai, von Frauen beherrscht werden. Es kommt häufiger vor in der griechischen Literatur, auch als Substantiv, gynaikokratia, Herrschaft von Frauen. Aristoteles gebraucht es in seiner Politik, häufig Plutarch. Auch die Römer haben es als Fremdwort übernommen. Bei Plinius erscheint es als Beiwort für die Sarmaten am Schwarzen Meer, so wie hier bei Herakleides für die Lykier. Aristoteles und Plutarch gebrauchen es immer im Zusammenhang einer in der Antike anscheinend weit verbreiteten Vorstellung. »Weiberherrschaft«, so übersetzt man es vielleicht besser, denn es ist immer abfällig gemeint. Weiberherrschaft entsteht danach bei zu großer Zügellosigkeit oder zu großem Luxus oder wenn die Männer in kriegerischen Völkern zu häufig abwesend sind. So soll es wegen der vielen Kriege bei den Spartanern in der Frühzeit gewesen sein (Arist. Pol. 1269 b 24, Plut. Lyk. 14), und wegen der Zügellosigkeit und Völlerei am Hof der Ptolomäer in Alexandria (Plut. Kleom. 33). Das berichtet Plutarch von den Ausschweifungen des Mark Anton, die zur »Gynaikokratie« der Kleopatra führten (Plut. Ant. 10). Der alte Cato soll einmal gesagt haben, daß überall auf der Welt die Frauen beherrscht werden und die Römer sogar die ganze Welt beherrschen, sie selbst aber zu Hause unter dem Pantoffel ihrer Frauen stünden (Plut. Cato mai. 8). Auch Plutarch gebraucht hier – für die Römer – das Wort Gynaikokratie. Hinter dieser Mahnung immer der Gedanke: Ausschweifungen und übermäßiger Luxus führen zu »Weiberherrschaft«, verweichlichen die Männer, führen zum Übermut der Frauen. Von Tyrannen würde diese Gynaikokratie sogar noch begünstigt, meint Aristoteles, das erleichtere ihnen das Geschäft (Arist. Pol. 1313 b 32). Zwischen Aristoteles und Plutarch liegen vierhundert Jahre, in denen kontinuierlich diese Vorstellung die Wortbedeutung geprägt hat.

Herakleides ist ein Zeitgenosse des Aristoteles, Schüler des Platon. Er hat viele philosophische Schriften verfaßt. In welchem Zusammenhang er die Bemerkung über die Lykier gemacht hat, ist unbekannt. Er galt als phantasiereich und extravagant, wurde viel gelesen, aber nicht immer ernst genommen. Es ist wohl auch kein Zufall, daß von den vier uns bekannten Ethnographien über die Lykier bei ihm die Charakterisierung als Gynaikokratie erscheint. Die anderen, Herodot, Nymphis und Nikolaos nennen die Matrilinearität, die Herakleides nicht erwähnt. Die Vermutung liegt nahe, daß er das Wort in dem gleichen Sinne gebraucht hat wie Aristoteles. Daß seine Vorstellung war: Die Lykier sind Seeräuber, viel unterwegs, außerdem nennen sie sich sogar nach der Mutter. Er erwähnt die Matrilinearität nicht weiter und faßt alles zusammen zu der Annahme, daß die Frauen ihnen auf der Nase herumtanzen. Wenn diese Vermutung richtig ist, dann war Bachofens Interpretation falsch. Bachofen hat das Wort als regelrechte, allgemeine politische Herrschaft von Frauen über Männer verstanden. Statt dessen scheint es in der Antike nur eine allgemeine Befürchtung ausgedrückt zu haben, daß nämlich die an sich naturgegebene Männerordnung manchmal nicht richtig funktioniert, wenn man nicht zu Hause ist oder sich Ausschweifungen oder dem Luxus hingibt. Vieles spricht dafür, daß diese Vermutung richtig ist. Nymphis und Nikolaos sind Herakleides in dieser Interpretation ja auch nicht gefolgt, sondern übernehmen einfach ganz sachlich den Bericht des Herodot über die Matrilinearität. Herodot, der aus der Gegend stammt, der selbst dort gewesen ist und den ausführlichsten Bericht über die Lykier geschrieben hat, erwähnt die Gynaikokratie nicht. Wenn sie eine Herrschaft von Frauen über Männer gehabt hätten, warum hat er sie dann nicht genannt? Es gibt nur eine vernünftige Erklärung. Eine solche Herrschaft hat es nicht gegeben.

In der Zwischenzeit sind andere Aufzeichnungen aufgetaucht, die Bachofen noch nicht kannte: eine große Zahl lykischer Inschriften (Houwink ten Cate 1961). Sie sind schwer zu lesen. Erst vor einigen Jahren hat man die lykische Sprache – als hethitisch-luwische – richtig einordnen können. Meistens handelt es sich um Grabinschriften, die frühesten aus der Zeit Herodots. An ihnen läßt sich sein Bericht über ihre Matrilinearität überprüfen. Zum Teil bestätigen sie ihn, teilweise nicht. Es gibt tatsächlich eine große Zahl matrilinearer Inschriften, und aus mehreren ergibt sich sogar eine starke Verbreitung von Matrilokalität, also des Zusammenlebens von Mann, Frau und Kindern mit der Familie der Frau (Pembroke 1965. 222 f.). Viele sind allerdings patrilinear. Man hat daraus schließen wollen, daß Herodots Angaben falsch seien (Pembroke 1965, 1967), übersieht dabei aber, daß auch Herodot berichtet, im Land würden schon zu seiner Zeit viele fremde Einwanderer leben. In der größten Stadt, Xanthos, seien die meisten keine Lykier mehr, sondern Zugewanderte, die nach der persischen Eroberung im 6. Jahrhundert gekommen wären (Her. 1. 176). Wenn sie keine richtigen Lykier waren, nannten sie sich auch nicht nach der Mutter, sondern nach dem Vater. Und es verwundert nicht, wenn ihre Grabinschriften trotzdem in lykischer Sprache abgefaßt sind. Es gibt also letztlich keinen Grund für Zweifel an der Matrilinearität der alten Lykier (Barnett 1975. 440, Gurney 1961. 100).

Das ist nun das Ergebnis der Nachprüfung der historischen

Texte. Bachofens Argumentation ist teilweise unrichtig und zum Teil außerordentlich unsicher. Man erinnert sich, was er zu Beginn seines Buches schreibt: »Jede Untersuchung über das Mutterrecht muß von dem lykischen Volke ihren Ausgang nehmen. Für dieses liegen die bestimmtesten und auch an Inhalt reichsten Zeugnisse vor« (1948. 85). Sein eigentliches Interesse meinte damit die Mythen, als angeblich zuverlässige Zeugen einer frühesten Vergangenheit. Darüber wird noch zu sprechen sein. Aber er meinte auch die historischen Nachrichten. Und die sagen nun in der Tat etwas anderes, als er meinte. Sie sprechen von Matrilinearität und Frauenerbschaft. Nimmt man die Matrilokalität der Inschriften hinzu, wird es plausibel. Die Frauen werden bei den Lykiern eine ziemlich gute Stellung gehabt haben, in der Familie und in der Gesellschaft. Und das dürfte dann auch Herakleides Pontikos erklären. Er ist der einzige, der von Frauenherrschaft spricht, aber er ist ein problematischer Zeuge, der Text in der Wortbedeutung und als historisches Faktum unsicher. Wahrscheinlich ist sein Wort nur die normale griechische Beurteilung solcher Verhältnisse. Die Stellung der griechischen Frau zu seiner Zeit war sehr schlecht. Für einen griechischen Mann war die Kombination von Matrilinearität, Matrilokalität und Frauenerbrecht und die damit verbundene gesellschaftliche Gleichstellung von Frauen und Männern unerhört. Nichts lag für ihn näher, als dafür das Wort Gynaikokratie zu gebrauchen. Es war kein Matriarchat. Es war einfach eine unglaubliche Verrücktheit.

VII. Historische Nachprüfung: Ägypten

Auch aus dem alten Ägypten konnte Bachofen Wunderbares berichten. Es gibt Herodots Beschreibung des Lebens von Frauen und Männern, wie dort alles ganz anders gewesen ist als in Griechenland, den berühmten ägyptischen Ehevertrag, der bei Diodor überliefert ist, und schließlich die Geschwisterehe und die dynastische Erbfolge, die immer noch genannt werden als mutterrechtliche Reste eines ehemaligen Matriarchats.

Am Anfang seines ausführlichen Berichts über Ägypten schreibt Herodot, Historien 2. 35:

> »Bei ihnen gehen die Frauen auf den Markt und kaufen dort und verkaufen, und die Männer sitzen zu Hause und weben ... Die Söhne haben keine Unterhaltsverpflichtung gegenüber ihren Eltern, wohl aber die Töchter.«

Er ist selbst in Ägypten gewesen, für drei bis vier Monate, um die Mitte des 5. Jahrhunderts v. Chr. Die Sprache konnte er nicht verstehen. Er mußte sich über Dolmetscher verständigen. Daraus ergaben sich einige Ungenauigkeiten. Aber, darüber ist man sich einig, im großen und ganzen ist sein Bericht über das Land sehr zuverlässig (Spiegelberg 1926. 34). Es gibt allerdings eine Ausnahme. Das ist der Anfang des Berichts, die Einleitung in den Kapiteln 35 und 36, in denen er das Interesse des Lesers wecken, zeigen will, wie interessant das Studium dieses Landes ist. Diese Einleitung steht unter dem problematischen Thema: In Ägypten ist alles ganz anders. Der Himmel ist dort anders als der Himmel in anderen Ländern, und der Nil ist anders als jeder andere Fluß. Und nicht nur das. Auch mit ihren Sitten und Gebräuchen leben die Ägypter in einer verkehrten Welt. Dann kommt als erstes Beispiel dieser von Bachofen zitierte Satz, daß die Frauen auf den Markt gehen und die Männer zu Hause sitzen. Es geht weiter mit dem Lastentragen, also die Männer tragen die Lasten auf dem Kopf und die Frauen auf den Schultern und so weiter. Schließlich endet die Einleitung im 36. Kapitel damit, daß man dort sogar verkehrt herum schreibt, nämlich von rechts nach links, statt, wie in Griechenland, von links nach rechts. Manches stimmt in diesen beiden Kapiteln, manches ist überspitzt formuliert, einiges ist sogar falsch. Falsch ist, unter anderem, seine Behauptung, daß es keine weiblichen Priester gäbe, nur männliche.

Das erste Beispiel, das von Bachofen zitierte, ist richtig und falsch zugleich. Aus bildlichen Darstellungen wissen wir, daß tatsächlich die ägyptischen Frauen auf den Markt gegangen sind. Im Gegensatz zu den Frauen in Griechenland, die das Haus nicht verlassen und nicht auf die Straße gehen durften. Es gibt ägyptische Marktszenen, auf denen auch viele Frauen zu sehen sind, zwar mit mehr Männern, aber eben auch Frauen, und das mußte einem Griechen auffallen. Mit der Weberei ist es ebenso. Es gab männliche Weber in Ägypten, im Gegensatz zu Griechenland, wo nur die Frauen webten. Die Hausweberei war allerdings auch in Ägypten Sache der Frauen, also die einfache Weberei für den Gebrauch der Familie. Das war in Ägypten und Griechenland gleich. In Ägypten gab es aber außerdem ein sehr hoch stehendes Kunsthandwerk, besonders die Weberei für den königlichen Hof, die von Männern betrieben wurde. Diese Männer saßen tatsächlich zu Hause und weben. Auch das war für einen Griechen ein völlig ungewöhnlicher Anblick. Männer am Webstuhl, das gab es in Griechenland nicht. Was Herodot sagt, ist also richtig. Es gibt Frauen, die auf den Markt gehen, und Männer, die zu Hause sitzen und weben. Aber es ist auch falsch, weil der Eindruck erweckt wird, daß Männer nicht auf den Markt gehen und Frauen nicht weben (Wiedemann 1890. 147 f.). So wird es von Bachofen wiedergegeben, ohne diese Ergänzung. Damit entsteht der Eindruck, die Situation der Frauen im alten Ägypten sei besser gewesen als die der Männer. So war es nun wirklich nicht.

Die Situation der Frauen in Ägypten wird allgemein als sehr gut beschrieben. Von den großen uns bekannten Ländern der Antike ist Ägypten damit eine bemerkenswerte und erstaunliche Ausnahme. Die ägyptischen Frauen waren im allgemeinen gleichgestellt, hatten die gleichen Rechte und die gleichen Pflichten wie die Männer (Dickerman 1894. 503, Seidl 1957. 43), und zwar von den frühesten Zeiten des dritten Jahrtausends bis zum Beginn der Herrschaft der Ptolemäer im 4. Jahrhundert v. Chr. Pirenne ist der Meinung, zwischendurch habe es einige Jahrhunderte gegeben, in der zweiten Hälfte des dritten Jahrtausends, am Ende des alten Reiches, in denen sich ihre Situation in der Zeit des »Feudalismus« stark verschlechtert habe (Pirenne 1959. 67-71). Das wird von anderen wohl zu Recht bezweifelt, ist hier aber nicht von großer Bedeutung, denn man ist sich allgemein einig, auch Pirenne sagt das: Vom Beginn des mittleren Reiches bis zum Ende des neuen – also von etwa 2000 v. Chr. bis etwa 330 v. Chr. – sind die Frauen in Ägypten gleichgestellt gewesen. Das ist es, was Herodot um 450 v. Chr. gesehen hat. Letztlich hat er es auch so beschrieben, aber als Grieche, dem das alles sehr fremd war, und der eine Einleitung schreibt über diese andere Welt, für die er Interesse wecken will, hat er einfach ein bißchen übertrieben, indem er einen Satz schrieb, der richtig war und falsch zugleich.

Mit dem Unterhaltsrecht wird es ähnlich gewesen sein. In dieser Ausschließlichkeit: »Nur die Töchter müssen die alten Eltern ernähren, nicht die Söhne«, kann es nicht stimmen. Das Unterhaltsrecht der alten Ägypter ist nicht so gut bekannt wie ihr Erbrecht. Herodots Behauptung kann nur zutreffen, wenn dem auch ein alleiniges Erbrecht der Töchter entsprochen hätte. Nur dann würde man auf eine entsprechend stärkere Rechtsstellung der Töchter schließen können. Sonst wäre es nur eine Benachteiligung. Besondere Pflichten sind nur dann ein Zeichen für Stärke, wenn ihnen auch besondere Rechte gegenüberstehen. Wer eine mögliche Erbfolge antreten soll, muß auch für eine mögliche Notsituation vorher aufkommen. Ein entsprechendes alleiniges Erbrecht der Töchter gibt es aber nun nicht (Seidl 1957. 57 f.). Im Gegenteil. Grundsätzlich erbt nur der älteste Sohn. Das können die Eltern testamentarisch ändern, auch zugunsten von Töchtern, sicherlich im Einzelfall auch unter Ausschluß von Söhnen. Allgemein gibt es keine entsprechende Regel. Also kann auch Herodots Behauptung so allgemein nicht zutreffen. Vielleicht hat es Fälle dieser Art gegeben. Aber er übertreibt hier wieder, wie vorher, und wie Diodor mit dem Ehevertrag.

Diodor lebt zur Zeit des Augustus, fast fünfhundert Jahre nach Herodot. Er schreibt, Historische Bibliothek 1. 27. 2:

> »Auch unter Privatleuten erhält die Frau die Herrschaft über den Mann, indem der künftige Ehemann im Ehevertrag sich verpflichtet, seiner Frau in jeder Beziehung zu gehorchen.«

Er ist in Ägypten gewesen. Man weiß nicht, wie lange. Auch er wird sich in der Landessprache nicht ausgekannt haben, sonst wäre ihm vielleicht dieser Fehler nicht passiert, der sich leicht aufklären läßt.

Man kennt heute eine sehr große Zahl ägyptischer Eheverträge, auch aus der Zeit Diodors, die auf Papyrus überliefert sind (Lüddeckens 1960, Pestman 1961). Ihr Inhalt ist im wesentlichen immer wieder der gleiche wie in den ältesten Urkunden, die aus dem 9. Jahrhundert v. Chr. stammen. In keinem der uns überlieferten Verträge aus diesen vielen Jahrhunderten gibt es eine Klausel wie die, die von Diodor beschrieben wird. Was er sagt, kann also unmöglich stimmen. Man kann auch erklären, wie er dazu gekommen ist (Pestman 1961. 136). Diese Eheverträge enthalten nämlich immer Zahlungsvereinbarungen für den Fall der Scheidung, die jederzeit möglich war. Die Frau ließ sich die Zahlung einer bestimmten Summe versprechen, meistens mit der wohl nicht immer zutreffenden Bestätigung des Mannes, daß er bei der Eheschließung von ihr eine entsprechende Summe als Mitgift erhalten habe. Der Zweck dieser Zahlungsvereinbarungen ist klar. Sie sollten den Unterhalt der Frau nach der Scheidung sichern. Häufig wird eine Pfandklausel vereinbart. Darin verpfändet der Ehemann seiner Frau sein gesamtes gegenwärtiges und künftiges Vermögen, um ihren Auseinandersetzungsanspruch zu sichern (Lüddeckens 1960. 321-323). Nun hatte ein Pfandgläubiger in Ägypten eine sehr starke Stellung (Seidl 1968. 65 f.). Er konnte allen möglichen Rechtsgeschäften des Schuldners über den Pfandgegenstand widersprechen. Mit anderen Worten: Wenn ein Ehemann seiner Frau in einem solchen Vertrag sein gesamtes Vermögen verpfändet hatte, konnte sie allen wichtigen Geschäften widersprechen. Er mußte sie also immer vorher fragen. Diodor übersetzt das mit: ihr »in jeder Beziehung ... gehorchen.« Das ist eine leichte Übertreibung, die zu den vielen Mißverständnissen gehört, denen Griechen ausgesetzt waren, die die Landessprache nicht beherrschten und davon ausgingen, daß Frauen bei ihnen zu Hause in Griechenland wie Sklaven und Kinder als Menschen zweiter Klasse behandelt wurden, die nicht in der Lage wären, ihre Angelegenheiten selbst zu regeln. Es geht also darum, daß Ehefrauen eine verhältnismäßig starke Stellung bei der Sicherung ihrer künftigen Unterhaltsforderung haben. Sie können den Männern nichts befehlen. Die Männer müssen ihnen auch nicht gehorchen. Sie können nur mit ihrem Vermögen nicht so umgehen, wie sie es in Griechenland dürfen. Ein Beweis für die Herrschaft von Frauen über Männer ist das Ganze keineswegs.

Herodot und Diodor sind durchaus nicht Bachofens einzige historische Quellen für Ägypten, wohl aber die wichtigsten. Die anderen überzeugen noch weniger, auch nicht auf den ersten Blick. Es ist letztlich immer wieder das gleiche. Er verläßt sich auf einen äußeren Anschein, ohne den Text zu prüfen, ohne zu fragen, warum welcher Autor auf welcher Grundlage was geschrieben hat. Auf zwei Fragen ist allerdings noch einzugehen. Auch heute noch werden die Geschwisterehen in den Königsfamilien und die ägyptische dynastische Erbfolge als »Mutterrecht«, Überbleibsel eines vorhistorischen Matriarchats, gedeutet.

Die Geschwisterehe am ägyptischen Hof war häufig. Prinz und Prinzessin, Schwester und Bruder, führten die Ehe, wurden König und Königin und zeugten Nachfolger, die das dann oft in der nächsten Generation wiederholten, bis in die Zeit der Ptolemäer. Bachofen sah hierin die Wiederholung der Verbindung von Isis und Osiris, deren Deutung durch Plutarch ihn auf den Weg zu seiner Entdeckung gebracht hatte, nämlich die Deutung als Verbindung von Weiblich-Stofflichem und Männlich-Geistigem, wobei im ägyptischen Mythos die weibliche Isis tatsächlich den höheren Rang einnimmt. Deshalb ist der historische Brauch für ihn mutterrechtlich (Bachofen 1948. 319 f.). Seine Annahme beruht auf dem Glauben an die historische Realität des Mythos. Viel wahrscheinlicher ist es, daß es umgekehrt war, daß nicht die Geschichte dem Mythos, sondern dieser der Geschichte folgte, daß also der Mythos von Isis und Osiris als Legitimation diente für königliche Geschwisterehen, die ganz andere Gründe hatten. Der königliche Inzest findet sich oft, auch in anderen Gesellschaften. Er ist unabhängig von Matrilinearität und Patrilinearität. Was ihm zugrunde liegt, ist nicht ganz sicher. Wahrscheinlich wurde damit in frühen Königreichen die Einzigartigkeit des Monarchen besonders extrem demonstriert, gleichgültig ob der Inzest nur symbolisch oder – wie in Ägypten – real vollzogen wurde (de Heusch 1958). Mit Matriarchat hat es nichts zu tun.

Ebenso verhält es sich mit der Thronfolge. Sie weist bei den ägyptischen Königen gewisse matrilineare Elemente auf, läuft bevorzugt, allerdings nicht ausschließlich, über die weibliche Linie (Hohenwart-Gerlachstein 1955. 91). Mehr als starke Anzeichen für eine frühere Matrilinearität gibt es nicht. Bachofen schließt daraus auf ein vorhergehendes Matriarchat (1948. 328 f.). Das ist, wir haben das gesehen, nicht möglich. Matrilinearität und Matriarchat sind nicht identisch. Eine frühere Herrschaft von Frauen läßt sich so nicht nachweisen.

Ohne Zweifel, die Ägypterinnen gingen einen aufrechten Gang. Von den frühesten Zeiten des alten Reiches bis zu den Ptolemäern, über drei Jahrtausende läßt sich das verfolgen. Juristisch hatten sie die gleichen Rechte wie die Männer, waren voll geschäftsfähig und nicht entmündigt wie die Griechinnen und Römerinnen. Auch ihre gesellschaftliche Stellung war gut, mit einem leichten Übergewicht der Männer, die die wichtigsten Positionen hatten, am Hof, in der Verwaltung, im Handwerk. Es gab ungefähr ein Gleichgewicht in der Stellung von Frauen und Männern. Ein erstaunliches Phänomen in der sonst so frauenfeindlichen Antike, dessen Gründe nicht bekannt sind. Es ist viel geschrieben worden darüber, im Ergebnis besteht im wesentlichen Einigkeit, aber über die Gründe weiß man nichts, übrigens auch deshalb nicht, weil man sich für sie bisher gar nicht interessierte. Die Griechen jedenfalls, die das sahen, haben in ihren Berichten leicht übertrieben, was verständlich ist, wenn man an die Situation in ihrem Lande denkt. Weniger verständlich ist dann schon, daß Bachofen, der ein erfahrener Philologe war, diese Übertreibungen wörtlich nahm und bei Herodot und Diodor Fragmente eines vergangenen Matriarchats entdeckte. In der Hitze des Gefechts hat er die übliche Sorgfalt außer acht gelassen: »Bei ihm ist der Blick nach rückwärts oder in frühere Zustände keineswegs darauf aus, kühl zu sein. Er ist vielmehr von längst entschwundenem Recht durchaus betroffen, ja besessen und trunken von dem Glauben, worin es vor Zeiten gebettet war« (Bloch 1972. 115 f.).

VIII. Historische Nachprüfung: Kreta

Sein Spürsinn dagegen für Mutterrechtliches war wirklich erstaunlich. Was wir heute erst wissen können, nach den Ausgrabungen auf Kreta um die Jahrhundertwende, lange nach seinem Tode, das hat er geahnt: Mit diesem Land ist etwas Besonderes. Er behandelt es gleich im Anschluß an Lykien, schreibt zu Beginn des zweiten Kapitels (1948. 143): »Wir wollen nun weiter forschen, ob sich auch anderwärts Spuren dieses Mutterrechts entdecken lassen. Herodot führt Lykiens Bevölkerung auf Kreta zurück; dasselbe tut in gleicher Weise Strabo. Sollte sich in Kreta etwas Ähnliches finden?«

Herodot sagt am Anfang seines Berichts über die Lykier, bevor er auf die Matrilinearität zu sprechen kommt: »Die Lykier sind ursprünglich aus Kreta gekommen« (Her. 1. 173). Es folgt die Geschichte von Minos und Sarpedon. Sarpedon, der bei Homer nur der Fürst der Lykier ist, erscheint bei den Späteren, wie hier bei Herodot, als Bruder des Minos, des Königs von Kreta. Sie streiten um die Herrschaft. Minos vertreibt den Sarpedon. Der zieht mit seinen Anhängern in das Land in Kleinasien. Das gehörte zur allgemeinen Bildung im Altertum. Noch vierhundert Jahre später wiederholt es Strabo, in seiner Geographie, 14. 667, »sie kamen von Kreta mit Sarpedon«. Diese Nachrichten sind ziemlich sicher. Daß sie wohl tatsächlich auf historischen Begebenheiten beruhen, sollte später die Archäologie beweisen. Es fand sich »etwas Ähnliches«.

Das wußte Bachofen noch nicht. Er findet nur weitere Mythen und noch ein, allerdings bemerkenswertes, historisches Indiz. Kreta ist, sagt er, das einzige Land, in dem man nicht »Vaterland« sagte, sondern »Mutterland«, nicht patris, sondern mätris (Bachofen 1948. 143). Platon schreibt in seiner Politik (575 d), die Kreter würden von ihrem »geliebten alten Mutterland« sprechen. Plutarch bestätigt das, in den Moralia, im Kapitel »Ob ein Greis die Verwaltung des Staates führen könne« (an seni § 17). Dort heißt es: »Dein Vaterland, oder, wie die Kreter zu sagen pflegen, dein Mutterland, ist sehr viel älter und hat noch mehr Rechte an Dich als Deine Eltern.« Und noch eins weiß Bachofen schon: »Nirgends spielen weibliche Gottheiten eine größere Rolle als auf

Kreta« (1948. 160). Er liest das aus den Mythen heraus. Es ist später durch die Ausgrabungen bestätigt worden. Auch das hat wahrscheinlich zur starken Verbreitung seines »Mutterrechts« nach der Jahrhundertwende beigetragen.

Diese Bestätigung war ähnlich überzeugend wie die Entdeckung der Matrilinearität bei den Irokesen durch Morgan. Seit 1900 begann Arthur Evans mit seinen Ausgrabungen in Knossos. Was er zutage förderte, war nicht nur der alte Palast »des Minos«, das Labyrinth des griechischen Mythos, des Mythos von Minotauros, Theseus und Ariadne. Es war eine andere Welt, durchaus vergleichbar mit der von Herodot in Ägypten entdeckten, mit der es sehr enge Verbindungen gibt. Das war nicht die kriegerische männliche Gesellschaft von Mykene, die Heinrich Schliemann fünfundzwanzig Jahre vorher entdeckt hatte, mit kyklopischen Mauern, dem Löwentor, waffenstarrend. Zur gleichen Zeit, im zweiten Jahrtausend v. Chr., existierte in Kreta eine ganz andere Kultur, ohne Befestigungen, friedlich, auf deren Bildern keine Krieger erscheinen und Waffen allenfalls bei der Jagd, mit einer »femininen« Ausrichtung der Gesamtkultur (Schachermeyr 1964. 126). Die Männer erscheinen bei Festen in kultischen Frauenkleidern. Niemals treten sie aus der Masse hervor, wohl aber vornehme adlige Frauen des Hofes auf Terrassen oder am Fenster des Palastes. Völlig selbstverständlich nehmen sie am öffentlichen Leben teil, ganz anders als später in der griechisch-römischen Antike. Sie waren wohl mindestens gleichgestellt, wie in Ägypten. Es gibt die berühmten Szenen des Stierspringens auf einem Fresko, das in einem kleinen Hof im Ostflügel des Palastes gefunden wurde (Marinatos 1973, Farbtafel XVII). Der Fries stellt die verschiedenen Phasen des Stierspiels dar. Bei diesem Spiel packt man den Stier bei den Hörnern, springt mit einem Salto über seinen Rücken und kommt hinter dem Tier wieder zum Stehen. Auf den minoischen Fresken sind Frauen und Männer figürlich gleich dargestellt, sie unterscheiden sich in der Farbe: die rote für die Haut der Männer, die weiße für die der Frauen. Deswegen kann man hier mit Sicherheit sagen, daß an dem Stierspiel junge Frauen und Männer in gleicher Weise teilnahmen, an einem Spiel, das nicht nur außerordentlich schwierig, sondern auch sehr gefährlich war (Marinatos 1973, 123). Nichts zeigt deutlicher die starke Stellung der Frauen in dieser Gesellschaft. Im übrigen, das hatte Bachofen aus den Mythen gelesen, treten in den bildlichen und figürlichen Darstellungen die männlichen Götter gegenüber den weiblichen völlig in den Hintergrund (Schachermeyr 1964. 127). Allerdings ist das gerade ein sehr unsicheres Indiz für die Beurteilung der gesellschaftlichen Situation von Frauen.

Dieser erstaunliche Unterschied der »männlichen« kriegerischen Mykener und der friedlichen »femininen« Minoer läßt sich erklären. Nach der heute in der Geschichtswissenschaft noch überwiegenden Auffassung ist es der Unterschied zwischen einer älteren »mutterrechtlichen« ägäischen Gesellschaft, deren Reste sich auf Kreta erhalten hatten, und jüngeren indogermanischen patriarchalischen Griechen, die inzwischen auf dem Festland eingewandert waren. Es ist eine Abgrenzung mit vielen Problemen, die hier nur angedeutet werden sollen, weil sie für die Beurteilung der minoischen Gesellschaft in ihrem historischen Zusammenhang mit Lykien keine Rolle spielen.

Hinter der Abgrenzung steht das Indogermanenproblem. Gab es eine einheitliche indogermanische Sprache, ein indogermanisches Urvolk, indogermanische Wanderungen? Vorstellungen und Theorien darüber stammen aus dem 19. Jahrhundert. Sie sind nicht frei von rassistischen Vorurteilen, von siegreichen Indogermanen, patrilinearen Griechen, die das Abendland repräsentieren, und unterlegenen älteren matrilinearen Mittelmeervölkern, das unterworfene Morgenland, die ägäisch-anatolische Gesellschaft. Das ist in der letzten Zeit ins Wanken geraten, besonders durch die Forschungen englischer Historiker (z. B. Renfrew 1972). Sie glauben nicht mehr an indogermanische Wanderungen und an die besonderen Eigenschaften und Institutionen einer indoeuropäischen Rasse. Hinter diesem Problem steht im übrigen auch noch eine männliche Verstocktheit, die sich seit dem Ende des 19. Jahrhunderts gegen Matriarchatsvorstellungen teilweise damit zur Wehr gesetzt hat, daß man das »Mutterrecht« mit dieser fremden Urbevölkerung und das »Vaterrecht« mit den Indogermanen identifizierte. Damit konnte man sich vom Matriarchat distanzieren. Es war etwas rassisch Fremdes.

Nach dieser überwiegenden Auffassung haben die ersten Griechen das Land zu Beginn des zweiten Jahrtausends vor Christus betreten. Sie blieben auf dem Festland, lebten in ihren Zentren, in Mykene und Tiryns, indogermanisch, kriegerisch und patrilinear. In Kreta blieb die alte ägäisch-anatolische Gesellschaft erhalten.

Diese Gesellschaft gehörte noch in den Zusammenhang der ersten Ackerbaugesellschaften, die sich am Ende der Eiszeit in Nordafrika, Mesopotamien, Palästina, Syrien und in Kleinasien gebildet haben. Als das Eis sich nach Norden zurückbildete, im zehnten und neunten Jahrtausend v. Chr., änderte sich auch das Klima in diesen Gebieten. Die starke Austrocknung im Sommer hatte zur Folge, daß der Waldbestand geringer wurde und damit auch das Wild. Die Menschen, die bis dahin nur vom Jagen und Sammeln gelebt hatten, wurden seßhaft, gingen langsam vom food gathering über zum food producing. Das ist der Wechsel von der Altsteinzeit zur Jungsteinzeit, die von Gordon Childe beschriebene »neolithische Revolution« (Childe 1956). Morgan nannte es den Übergang von der Wildheit zur Barbarei. Childe ist ihm in dieser Terminologie gefolgt. Es geschieht zuerst in Vorderasien, in Mesopotamien, mit kurzer Verzögerung dann in Nordafrika, in Ägypten. Von Vorderasien breitet sich der Ackerbau langsam nach Westen aus. Das ist die vorderasiatische Kulturtrift, das sind Bauern, die nach Westen zu immer neues Land suchen (Schachermeyr 1955. 16). Sie erreicht Kreta und Griechenland im fünften und vierten Jahrtausend. Auf Kreta finden sich außerdem noch, das ist das Besondere an dieser Insel, starke Einflüsse einer nordafrikanischen Kulturtrift, die von Ägypten nach Norden ging (Schachermeyr 1965. 16 f.). Es kommen dazu leichte Gegenwirkungen aus dem Norden im dritten Jahrtausend, die man mit dem Stichwort »Bandkeramik« bezeichnet. Auch sie gelangen bis nach Griechenland, nach Kreta und in die Ägäis. Etwa um dieselbe Zeit verselbständigen sich die Gesellschaften in Mesopotamien, Palästina und Syrien, und es bildet sich eine eigenständige ägäisch-anatolische Kultur. Zu Beginn des zweiten Jahrtausends soll das Festland den Einbruch von indoeuropäischen Ariern erlebt haben, die auch in das nördliche Mesopotamien eindrangen und – als kriegerische Hyksos – bis nach Ägypten kamen. Dieser Ariersturm veränderte das ganze Staatensystem in Vorderasien und Ägypten. Nur Kreta, meint man, blieb erhalten. Daher der Unterschied.

Es war jedenfalls eine kephale Gesellschaft, mit den Palästen als Wirtschaftszentren, wie in Mykene und Tiryns (Schachermeyr 1964. 222-228). Es war keine Hauswirtschaft, in der ein bäuerliches Anwesen als Produktionseinheit sich selbst versorgt, sondern eine stark arbeitsteilige Gesellschaft, mit Handwerkern und

Bauern, Priestern und Verwaltungsbeamten. Um den Palast von Knossos existierte eine Stadt von etwa 80 000 Einwohnern. Es gab kein Geld. Der durch die Arbeitsteilung notwendige Austausch der Güter wurde nicht über den Preis organisiert, sondern durch den Palast als Tauschzentrale. Alle Ressourcen des Landes wurden von ihm zentral zusammengefaßt, zum großen Teil eingezogen und – nach Abzug eines Surplus – wieder verteilt. Auch das Monopol des Außenhandels lag hier. Deshalb die riesigen Magazine im Palast, in dem auch die gewerbliche Wirtschaft konzentriert war. Zur bürokratischen Abwicklung dieser zentralen Wirtschaft wurde die Schrift erfunden, die in der Frühzeit die Funktion des erst sehr viel später geprägten Geldes hatte. Auch die ältesten mesopotamischen Tontafeln sind fast immer derartige Wirtschaftstexte, auf denen Eingänge, Ausgänge und Magazinbestände verzeichnet sind. So ist es mit den Texten im minoischen Linear B, das man inzwischen lesen kann, und so wird es auch mit dem älteren Linear A sich verhalten, das noch immer nicht entziffert worden ist. Es war, wie Karl Marx es in den Grundrissen beschrieben hat, im Abschnitt über Formen, die der kapitalistischen Produktion vorgehen, eine asiatische Produktionsweise (Marx (1857. 375-377).

Das bedeutet: Es war ein festgefügtes Herrschaftssystem, mit einem König an der Spitze, einem männlichen König, und einer größeren Zahl von Verwaltungsbeamten. Alles deutet darauf hin, daß auch sie Männer waren. Von einem Matriarchat kann keine Rede sein. Aber, wir haben es gesehen, es ist berechtigt, von »mutterrechtlichen Zügen in der minoischen Kultur« zu sprechen (Schachermeyr 1964, 14. Kapitel). Das ergibt sich nicht nur aus den bildlichen Darstellungen. Es gibt die archäologisch erwiesenen Verbindungen mit Ägypten über die nordafrikanische Kulturtrift. Die Gesellschaften werden ähnlich strukturiert gewesen sein. Auch in Ägypten gab es eine zentralistische Palast- und Tempelwirtschaft. So wie dort die Frauen gleichgestellt und frei gewesen sind, werden sie es in Kreta gewesen sein. Und wahrscheinlich war die Gesellschaft matrilinear und matrilokal. Darauf deuten die Verbindungen zu Lykien.

Um 1500 werden die großen Paläste auf Kreta zerstört, möglicherweise durch eine Naturkatastrophe, die zusammenhängt mit dem Ausbruch des Vulkans von Thera-Santorin (Marinatos 1973. 14-16). Kreta wird von Mykene erobert. Seit 1470 v. Chr. lassen sich auf der Insel mykenische Einflüsse feststellen. Nördlich von Knossos erscheinen mykenische Kriegergräber. Es muß also damals in der Hand eines mykenischen Königs gewesen sein, ohne daß es darauf ankommt, ob er im Gegensatz zu den Kretern ein indogermanischter Grieche war oder nicht. Der mythische König Minos war wohl schon ein Mykener. Nach der Sage hat er den Sarpedon mit seinem Gefolge von der Insel nach Lykien vertrieben. Was liegt näher als die Annahme, die Lykier seien Teile der unterworfenen kretischen Bevölkerung gewesen, die nach Kleinasien geflüchtet sind? Ursprungsmythen sind häufig glaubhaft. Das zeigt sich nicht nur in der Antike, sondern auch in frühen Gesellschaften der dritten Welt. Wenn man von der Insel vor den Mykenern flüchtete, lag es nahe, in die entgegengesetzte Richtung zu ziehen, also nicht nach Westen zu fahren, nach Mykene und Tiryns, sondern nach Osten. Wenn man von Kreta nach Osten fährt, kommt man nach Lykien. Es muß sehr enge Verbindungen gegeben haben.

Der Weg durch die Geschichte ist beendet. Lykien, Ägypten und Kreta sind die für Bachofen wichtigsten Länder. In Ägypten fand er den inspirierenden Mythos von Isis und Osiris, und es gab die Berichte von Herodot und Diodor. Für Lykien lagen, wie er meinte, die sichersten Zeugnisse vor. Von dort verwies die Spur nach Kreta, auf das »Mutterland«. Er hat dann auch noch Athen behandelt, Lemnos, Indien und andere griechische Gebiete – Orchomenos, Elis, die Lokrer und Lesbos. Wir können uns das sparen, denn der historische Befund ist jeweils schlechter als in diesen drei Ländern, die im Zentrum seines »Mutterrechts« stehen.

Die älteste der drei Gesellschaften ist die ägyptische. In ihr hat sich die Gleichstellung der Frauen bis in das erste Jahrtausend v. Chr. erhalten. Von hier aus gab es Einflüsse auf Kreta. Dort findet sich eine Gesellschaft, in der die Stellung von Frauen ähnlich günstig gewesen ist. Teile dieser Gesellschaft sind nach der Unterwerfung durch Mykene noch im zweiten Jahrtausend geflohen und nach Lykien gekommen. Bei ihnen gab es Matrilinearität und Matrilokalität. Das ist also der historische Befund: Ein Matriarchat findet sich nirgendwo. Aber am Rande der griechisch-römischen Antike erscheinen Gesellschaften, die jedenfalls nicht patriarchalisch waren. Bachofen ist zum Teil bestätigt, zum Teil nicht. Es sind Gesellschaften, in denen die alte matrilineare und segmentäre Ordnung schon überlagert ist durch Zentralinstanzen. Ägypten und Kreta sind Königreiche, die lykischen Städte bildeten einen Bund, waren intern aber auch schon hierarchisch gegliedert. Teilweise ist die Matrilinearität durch die Zentralinstanz schon zerstört, wie in Ägypten. Teilweise ist sie noch erhalten, so in Lykien und, wahrscheinlich, in Kreta. Jedenfalls hat sich mit der Herausbildung von Kephalität und der damit meistens verbundenen Individualisierung in der Gesellschaft die Stellung der Frauen nicht wesentlich verschlechtert. Sie sind gleichgestellt und bestimmten in gleicher Weise wie die Männer auch das äußere Bild des Landes. Das war es, was dann so großes Erstaunen verursachte, bei griechischen und bei archäologischen Betrachtern.

Diese drei Gesellschaften stehen nicht zufällig gemeinsam im Zentrum des »Mutterrechts«. Sie sind miteinander historisch verbunden. Ägypten und Kreta sind ähnliche Ordnungen aus ungefähr der gleichen Zeit, entstanden in dieser Form im vierten und dritten Jahrtausend v. Chr. Lykien ist ein später Ausläufer der alten minoischen Gesellschaft. Auch an anderen Orten kann die früheste Entwicklung ähnlich gewesen sein wie bei ihnen. Aber das ist vorläufig historisch kaum nachweisbar. Und möglich ist auch, daß es ganz anders gewesen war. Eine allgemeine Kulturstufe der Menschheit, die bei allen Völkern irgendwann in gleicher Weise existiert hat, wird es kaum gegeben haben. Das ist die erste Korrektur, die an Bachofens historischer Rekonstruktion vorzunehmen ist. Dort, wo es Gemeinsamkeiten gibt, wie in diesen drei Ländern, gibt es engere Verbindungen. Und die Gemeinsamkeiten, das ist die zweite Korrektur, bestehen nicht in einer Herrschaft der Frauen. Die Frauen waren weitgehend gleichgestellt. Mit gutem Grund konnte man, wie die Kreter, von einem Mutterland sprechen.

IX. Über Mythen, historische Wahrheit und Ideologie

Die Nachprüfung der historischen Nachrichten allein wird Bachofen nicht gerecht. Nur zum Teil hat er sich auf sie gestützt, in erster Linie auf die griechischen Mythen. Die Mythendeutung war das Feld, das er unumschränkt und meisterhaft beherrschte, unerreicht, bis Sigmund Freud auftrat. Der Psychologe sah durch sie in die Urgeschichte der Seele. Bachofen sah in ihnen Erinnerungen aus der frühesten Geschichte der Gesellschaft. Ohne Zweifel ein nicht unproblematisches Verfahren, wie sich allein schon aus Freuds Entdeckungen ergibt.

In der Vorrede und Einleitung zu seinem Buch ist Bachofen auch auf die Berechtigung dieses Vorgehens eingegangen. Welchen Gebrauch, fragt er, dürfen wir von dieser Urform menschlicher Überlieferung machen? Und er antwortet: »Die mythische Überlieferung ... erscheint als der getreue Ausdruck des Lebensgesetzes jener Zeiten, in welchen die geschichtliche Entwicklung der alten Welt ihre Grundlage hat ... als wahre, durch hohe Zuverlässigkeit ausgezeichnete Geschichtsquelle.« Sein Beweis: die Übereinstimmung von matrilinearer Abstammung im Mythos von Lykien, nämlich in der Nachfolge des Sarpedon, der die Herrschaft auf den Sohn seiner Tochter, nicht auf seine Söhne überträgt, mit der historischen Überlieferung bei Herodot (Bachofen 1948. 12 f.). Mit anderen Worten: Im Mythos findet sich Matrilinearität für Lykien wie bei dem Historiker. Also ist der Mythos genauso zuverlässig wie der Historiker. Und umgekehrt. Das ist in diesem Einzelfall ungenau und als allgemeiner Beweis für die historische Quelle von Mythen unzureichend. Ungenau im Einzelfall, weil es gar keine matrilineare Nachfolge ist. Matrilinear wäre dieser Enkel nämlich nur mit der Familie seiner Mutter und seiner Großmutter verwandt, also gerade nicht mit seinem Großvater Sarpedon, dessen Nachfolge er antrat. Selbst wenn es stimmte, wäre eine Verallgemeinerung nicht gerechtfertigt. Sicher gibt es einzelne Mythen mit historischem Hintergrund. Sonst hätte Schliemann nicht Troja und Mykene entdeckt und Evans nicht das minoische Knossos. Aber daraus folgt nicht das gleiche für jeden anderen Mythos.

Ohne jeden Zweifel ist, daß die Griechen der klassischen Zeit Matriarchatsmythen kannten, die Amazonenmythen zum Beispiel und die Darstellung der Orestie bei Aeschylos. Die Existenz dieser Mythen ist durch Bachofen deutlich geworden, überspitzt gesagt: Er hat diese Mythen entdeckt. Das war seine nicht unwichtige Entdeckung, ist aber nur die eine Seite der Medaille. Auf der anderen steht die Frage: Welchen historischen Gehalt haben sie?

Mit seiner uneingeschränkten Identifizierung von Mythos und Geschichte steht Bachofen allein. Er hat einige Vorläufer im 19. Jahrhundert, die aber doch sehr viel vorsichtiger waren, Karl Otfried Müller zum Beispiel, der aus den Lokalisierungen der Mythen die griechische Stammesgeschichte rekonstruieren wollte. Später hat man die Mythen nur als religiöse oder psychologische Phänomene behandelt, was sicherlich genauso einseitig ist (Nilsson 1965. 8-12). Heute versucht man zu unterscheiden zwischen verschiedenen Bestandteilen der Mythen, also religiösen, psychologischen, historischen, neben denen auch Märchenmotive existieren mit sozialem und moralischem Hintergrund (Nilsson 1965. 13-65). Wie sie zu unterscheiden sind? Eine allgemeine Antwort gibt es nicht. Man muß versuchen, die einzelnen Mythen zu analysieren. Sehen wir uns die beiden wichtigsten an, die Amazonen und die Orestie des Aeschylos.

Die Amazonen haben die Phantasie der Griechen stark beschäftigt. Es gibt unzählige Legenden. Ihr Kern ist etwa folgender (Roscher 1884. 267-280, Toepffer 1894): Im Nordosten Kleinasiens, in der Gegend des Flusses Thermodon, gab es einen großen Staat aus kriegerischen Frauen, an dessen Spitze eine Königin stand. In ihm lebten entweder überhaupt keine Männer, oder nur zum Zweck der Erhaltung des Geschlechts, also im Zustand der Knechtschaft, mit Arbeiten beschäftigt, die sonst nur Frauen verrichten, und verstümmelt an Armen und Beinen, damit sie der Herrschaft der Frauen nicht gefährlich würden. Die Frauen allein waren bewaffnet und verteidigten nicht nur ihr Land, sondern führten auch Eroberungszüge in die Nachbargebiete und in die weite Ferne, vom Thermodon bis nach Griechenland und nach Syrien. Dabei gründeten sie viele Städte und trafen zusammen mit den großen Helden der griechischen Sage. Sie kämpften teils zu Fuß, teils zu Pferde, bewaffnet mit Speer und Pfeil und Bogen, mit Streitaxt und einem halbmondförmigen Schild. Zu Hause beschäftigten sie sich meistens mit der Jagd und mit kriegerischen Übungen. So erzogen sie auch ihre Töchter, während sie die männlichen Kinder entweder töteten oder verstümmelten oder über die Grenze zu ihren Vätern schickten. Es gab nämlich auch Berichte, daß in ihrem Land überhaupt keine Männer lebten und daß sie sich statt dessen einmal im Jahr, im Frühling, im Grenzgebirge zum Zweck der Fortpflanzung mit einem benachbarten Männervolk trafen. Meistens wurden hier die Sauromaten genannt. Besonders an der Küste Kleinasiens findet man überall Städte, in deren Gründungssagen die Amazonen eine Rolle spielen. Die berühmteste Amazonenstadt war Ephesos. Mehrere Sagenkomplexe beschäftigten sich mit ihren Kriegszügen. Ihre Königin Penthesileia soll den Trojanern zu Hilfe gekommen und von Achilleus getötet worden sein. Herakles soll an den Thermodon gezogen sein, um den Gürtel der Amazonenkönigin zu erobern. Theseus war bei ihnen und hat ihre Königin geraubt. Danach führten sie einen Rachekrieg gegen die Athener, mit der berühmten Amazonenschlacht um die Stadt, in der sie nach hartnäckigem Widerstand geschlagen wurden. In Lykien soll Bellerophon mit ihnen gekämpft und sie besiegt haben.

Nach der Vorstellung der Griechen gehören sie in die älteste Vergangenheit. Schon Homer erwähnt sie wie eine ferne Sage, die im Verklingen ist. Ihre Heimat ist nicht Griechenland, sondern das entfernte Asien und das schwarze Meer. Wie mit allem Fremden verbinden die Griechen mit ihnen die Vorstellung des Barbarischen. Sie sind unzivilisiert, roh, grausam und erbarmungslos, und außerdem, summa summarum, männerfeindlich. Bachofen, treuer Herold des Mythos, beschreibt sie als extremistische Terroristengruppe, Entartung des weiblichen Prinzips und Verrat am Mutterrecht.

Was sind sie nun gewesen? Mythos oder Logos, Legende oder Geschichte? Gehören sie in die historische oder psychologische Abteilung des Mythos, vielleicht sogar in die religiöse? Oder sind sie nur ein Märchenmotiv mit moralischem Hintergrund? Es ist das übliche mythologische Stelldichein von Fragen und Fragezeichen, und alle Antworten sind auch schon gegeben worden. Nicht nur Bachofen war der Überzeugung, daß irgendwann in grauer Vorzeit im Nordosten Kleinasiens am Schwarzen Meer, dieser Frauenstaat tatsächlich existiert habe. Dreißig Jahre später hat in der ehrwürdigen Realenzyklopädie von Pauly und Wissowa der Verfasser des Artikels »Amazones« noch die gleiche Meinung vertreten (Toepffer 1894). Dann ist es allerdings in der Geschichtswissenschaft sehr viel ruhiger geworden. Bis vor kurzem. Heute gibt es wieder einen ernst zu nehmenden Historiker, der Bachofen bestätigt.

Es ist Friedrich Cornelius, in seiner Geschichte der Hethiter (1973. 269-271). Es sei ein Klassenkampf mit Gewalt gewesen, der Frauen gegen die Männer, von Frauen nämlich, die damals in diesen Gebieten, wie man belegen könne, eine unterdrückte Klasse gewesen seien. Im Land am Thermodon, das Azzi genannt wurde, um 1200 v. Chr., hätten sie diesen Kampf gegen die Männer nach Kleinasien getragen, zur Zeit des Hethiterkönigs Arnawundas III. Es gibt hethitische Berichte über Kämpfe in diesem Gebiet und Funde von Frauengräbern mit Waffenbeigaben, und eine verblüffende Etymologie. ›Am‹ ist ein weitverbreitetes Lallwort für Mutter, auch im Hethitischen. Amazone heißt also »Frau des Azzi-Landes«. Dort liegen die Frauenstädte: Amisos, Amasia, Amastris.

Die hethitischen Berichte über Kämpfe im Norden sagen aber nichts darüber, ob man sich gegen männliche oder weibliche Heere wehren mußte. Wären es Frauen gewesen, würde man es sicherlich besonders vermerkt haben. Es gibt keine ausreichenden Beweise. Trotzdem. Irgendeinen historischen Hintergrund wird der Mythos haben. Jedenfalls gibt es verschiedene historische Nachrichten über Frauenheere aus anderen Epochen, die noch besser bewiesen sind, nicht nur die von Francisco de Orellana über Amazonen am Amazonas im 16. Jahrhundert. Noch aus unserem Jahrhundert kennt man Berichte über Frauenmilitanz und massenhafte Aufstände von Frauen in Nigeria und Kamerun in den zwanziger und fünfziger Jahren (Ardener 1975a, Ifeka-Moller 1975). Bekannt ist, daß die Elitetruppe des alten Königreichs Dahomey aus jungen Frauen bestanden hat. Viertausend sollen es gewesen sein (Diamond 1951. 67-72). Vielleicht hat Friedrich Cornelius recht. Vielleicht hat es um 1200 v. Chr. im nördlichen Kleinasien Frauenheere gegeben. Nimmt man an, es sei so gewesen, dann würde das aber doch noch nicht alles erklären. Nicht erklärt wäre damit die außergewöhnliche Resonanz, die Vielfalt der Mythen um einen einmaligen Vorgang. Nicht erklärt wäre der Einsatz einer beachtlichen Zahl männlicher Mythenprominenz gegen diese Revolte, von Achill, Herakles, Theseus und Bellerophon, gegen eine Revolte, die, wenn man den hethitischen Berichten glauben soll, doch schon von Arnawundas III. niedergeschlagen wurde. Auch der Zug der Amazonen gegen Athen bedarf noch einer Erklärung.

Vielleicht findet sie sich dort. Athen ist ja der Schauplatz des anderen Mythos, der Orestie in der Form, die ihr Aeschylos in der Mitte des 5. Jahrhunderts v. Chr. gegeben hat. Der letzte Teil der Trilogie, die Eumeniden, beschreibt den Prozeß gegen Orest. Um die Rache der Erinnyen abzuwenden, gründet Athene den Areopag. Die Athener waren nämlich immer der Meinung, sie seien die Wiege der Zivilisation, sie hätten als erste Gesetze erlassen und der älteste Gerichtshof in der Geschichte, das sei der Areopag gewesen. Deshalb verlegt Aeschylos den Schauplatz nach Athen, wo nun das erste Gerichtsverfahren in der Geschichte der Menschheit stattfindet, unter dem Vorsitz der Athene, mit der Anklage durch die Erinnyen und der Verteidigung des Apoll. Zum Schluß stimmen die Richter ab, aber es gibt keine Mehrheit. Bei Stimmengleichheit entscheidet die Stimme der Vorsitzenden, und Athene gibt ihre Stimme dem Orest. Warum? Sie sagt es ausdrücklich (Eumen. 737-743):

»Ist meines Amtes jetzt, den letzten Spruch zu tun. Und für Orestes leg ich diesen Stein hinzu. Denn keine Mutter ist, die mir das Leben gab. Dem Männlichen – bis auf der Ehe Band – gehört mein ganzes Herz. Dem Vater hab ich alles zu verdanken und gebe darum auch nicht mehr Gewicht dem Tod der Frau, die ihren Mann, des Hauses Oberhaupt, erschlug.«

Das ist das Thema der Tragödie, die Frage nach dem Vorrang des Weiblichen oder des Männlichen. In seiner Verteidigung hatte Apollo erklärt, die Verbindung eines Kindes mit seinem Vater sei enger als die Bindung zur Mutter. Das ist die pythagoreische Lehre vom biologischen Vorrang der Zeugung durch den Vater. Einhundert Jahre später formuliert Aristoteles das sehr allgemein als den Vorrang der Form, eidos, vor dem Stoff, hyle. Aeschylos sagt es durch den Mund des Apollo (Eumen. 658-660):

»Nicht ist die Mutter ihres Kindes Zeugerin. Sie hegt und pflegt das auferweckte Leben nur. Es zeugt der Vater. Aber sie bewahrt das Pfand.«

Das neue Recht besteht im Vorrang des Männlichen. Männer sind wichtiger, sogar für die Fortpflanzung. Das ist das neue

Recht der neuen Götter. Deshalb klagen die Erinnyen im Umgang des Chors (Eumen. 808-809):

»Oh neue Götter, alt Gesetz und uraltes Recht. Ihr reißt sie nieder, reißt sie fort aus meiner Hand.«

Bachofens Deutung ist richtig, daran besteht kein Zweifel. Er hat nur eins versäumt. Er hat nicht versucht, das Stück aus seiner Zeit zu verstehen.

Die Orestie ist 458 v. Chr. in Athen aufgeführt worden. Vier Jahre vorher, 462 v. Chr., hatte die demokratische Opposition den Areopag entmachtet. Das war der große Erfolg des Ephialtes im Kampf gegen den Adel, der Beginn der radikaldemokratischen Reform, die dann von Perikles fortgesetzt wurde (Bengtson 1969. 119 f.). Der Areopag war die Bastion der Konservativen. Er bestand aus den ehemaligen Oberbeamten der Stadt, die – bis dahin – den alten Familien angehören mußten. Gewählt werden konnte nur, wer aus den Adelsgeschlechtern stammte. Der Areopag war die entscheidende politische Macht der Stadt, ähnlich dem römischen Senat. Ephialtes und seinen Anhängern ist es gelungen, ihm alle politischen Kompetenzen zu entziehen und sie auf den Rat der Fünfhundert – die boulé – und auf die Volksversammlung zu übertragen. Beim Areopag blieb nur die Gerichtsbarkeit in Mordsachen.

Wenn nun vier Jahre später im Mittelpunkt einer Tragödie die Verhandlung vor dem Areopag steht, dann ist klar, daß das auch eine politische Bedeutung hat. Welche Haltung nimmt Aeschylos ein? Stellt er sich auf die Seite des Adels oder der Radikaldemokraten? Er macht es sehr geschickt, versucht eine mittlere Linie zu steuern (Lesky 1963. 292), obwohl nicht zu überhören ist, daß seine Sympathien letztlich auf der Seite der entmachteten Konservativen liegen. Einerseits zeigt er den Areopag bei seiner Gründung so, wie Ephialtes ihn gesehen hat, nämlich beschränkt auf die Gerichtsbarkeit in Mordsachen. Das war immer das Argument der Opposition gewesen, der Areopag habe sich zu viele Kompetenzen angemaßt, ursprünglich sei er nur für Mordsachen zuständig gewesen, man müsse ihn auf seine ursprünglichen Kompetenzen beschränken. Andererseits sind die Eumeniden ein Hymnus auf die Begründung von Recht und Demokratie gerade durch dieses Gericht, eine »Apotheose attischer Rechtsprechung« (Lesky 1931. 211). Vier Jahre nach den Auseinandersetzungen um den Mißbrauch der Macht durch seine adligen Mitglieder bedeutete das eine deutliche Stärkung der moralischen Autorität der Konservativen. Aeschylos war anfangs ein gemäßigter Liberaler gewesen. Als es zum Konflikt kam, fiel er um. Wie es oft geschieht. Es ging ihm eben etwas zu weit mit der Revolution. Wie auch immer, die Eumeniden sind ein Hymnus auf die Stadt und ihr Gericht, auf das Recht und die Demokratie. Sie sind letztlich ein stark emotionaler Appell an die Einigkeit, der auf große Resonanz gestoßen sein muß. Aeschylos hat mit dieser Trilogie, die Gilbert Murray als 'the greatest achievement of human mind' bezeichnet hat, in jenem Jahr den Sieg errungen im Wettkampf der Tragödiendichter.

Es bleibt nun allerdings die Frage, warum er das verbindet mit einem Prozeß, in dem entschieden werden muß über den Vorrang des neuen Prinzips der Männlichkeit gegenüber dem alten Recht, dem Recht der Mütter. Die Frage beantwortet sich eigentlich schon mit einem Blick in das Dionysos-Theater, in dem die Orestie im Jahre 458 v. Chr. aufgeführt wurde. Dort saßen nämlich nur Männer. Es gab auch nur männliche Schauspieler, mit Masken für die Frauenrollen. Die Frauen waren zu Hause. Aeschylus wußte, daß die Unterdrückung der Frau unauflösbares Band der attischen Demokratie gewesen ist, lebendiges Element ihres Rechts. Sein Appell an die Einigkeit der zerstrittenen Parteien steht unter einem doppelten Motto. Er sagt, wir sind alle Athener. Und er sagt, wir sind alle Männer. Es war der Stolz auf die Größe der Stadt und die Beschwörung der Solidarität der Männer.

Die griechische Demokratie war eine Männerdemokratie, die Unterdrückung der Frauen ohne Beispiel in der damaligen Antike, besonders in Athen. Zur Zeit Homers ging es den Frauen besser. Eingebunden in die Solidarität der Gentilgesellschaft lebten Frauen und Männer unter dem alten Dach einer ehemaligen Egalität, die auch den Frauen noch eine gewisse Freiheit belassen hatte. Mit der Entwicklung der Demokratie wurde das anders. Die griechische Demokratie ist entstanden als politische Konsequenz einer Änderung in der militärischen Taktik. Die adligen Einzelkämpfer traten zurück, die Schlachten wurden entschieden im Kampf von Massenheeren, der Vereinigung aller erwachsenen Männer in der Hoplitenphalanx. Aus der Hoplitenphalanx erwächst die Volksversammlung. Deshalb hat die Frau dort nichts zu suchen. Sie wird gesellschaftlich und juristisch ein Mensch zweiter Klasse. Das ist oft beschrieben worden (z. B. von Erdmann 1934. 1-86). Am schlimmsten war es in Athen.

Die jungen Mädchen erhielten im Gegensatz zu den Jungen keinen Unterricht. Sie wuchsen auf in der Enge des Frauengemachs, der Gynaikonitis, das sie ihr Leben lang kaum verließen. Nur verhältnismäßig kurze Ausgänge unter beständiger Aufsicht waren ihnen erlaubt. Eine längere oder freiere Bewegung war unmöglich, ihr Leben öde und einförmig. Auch als verheiratete Frau durften sie grundsätzlich nicht auf die Straße. Das öffentliche Erscheinen von Frauen unterlag allgemeinen und gesetzlichen Beschränkungen, über deren genaue Beachtung seit dem 4. Jahrhundert v. Chr. eine besondere Behörde zu wachen hatte, die Gynaikonomen (Lipsius 1905. 70 f.). Selbst innerhalb des eigenen Hauses mußten sie sich in die Gynaikonitis zurückziehen, wenn die Männer mit Fremden – und Hetären – ihre Feste feierten. Ihre rechtliche Situation war grotesk. Ihr Leben lang standen sie unter der Vormundschaft ihrer männlichen Verwandten oder ihres Mannes. In der Sprache des Juristen: Sie waren nicht geschäftsfähig, konnten keine Verträge schließen, wie Sklaven und unmündige Kinder. Aristoteles hat dieser Entmündigung in seiner »Politik« die wissenschaftliche Weihe gegeben, indem er das systematisierte (1260a): »Der Sklave hat überhaupt keinen eigenen erheblichen Willen. Die Frau hat zwar einen, aber er ist unwirksam. Auch das Kind hat einen, aber er ist unvollkommen.« Die Frauen hatten kein Erbrecht. Und sie konnten sich nicht scheiden lassen. Ein Recht zur Scheidung hatte nur der Mann (Erdmann 1934. 386 f.). Angriffe auf ihre sexuelle Integrität galten, wie der Ehebruch, als Verletzung der Rechte von Männern, also ihres Mannes, ihres Vaters oder ihres Vormunds. Ebenso einseitig war der Ehebruch definiert, nämlich als der Verkehr einer verheirateten Frau mit einem Mann, der nicht ihr Ehemann war. Ihre Welt war das Haus: die Gynaikonitis, die Kinder, die Hausarbeit und der Webstuhl.

Man war sich des Problems bewußt. Es gab Klagen der Frauen. Es wurde diskutiert, ohne daß man von einer Emanzipationsbewegung sprechen kann (Hošek 1974. 1109-1111). Man brauchte Gründe, mit denen man die Unterdrückung der Frauen rechtfertigen konnte. Nun, die waren zu finden. Die Pythagoräer hatten ihre Theorie der Zeugung. Aristoteles fand einige. Und Aeschylos lieferte mit seinen Eumeniden die Rechtfertigung aus der Vergangenheit. Es gab eben einmal eine Zeit, das ist es, was er sagt, in der hatten die Frauen den Vorrang. Nun sind wir es. Mit der Begründung von Recht und Ordnung und Demokratie ist das anders geworden. Jetzt haben sich die Frauen unterzuordnen, so wie wir uns früher untergeordnet haben. Auch wenn dies nicht der einzige Gehalt der Orestie ist, die Versuchung liegt nahe, Gilbert Murray ein wenig zu präzisieren. Die Eumeniden als die größte Leistung des männlichen Geistes. Das ist ihre Funktion gewesen, die Legitimation für die Unterdrückung von Frauen. Nicht allein, aber es war ihre Funktion. Wie es der Zweck von Matriarchatsmythen allgemein ist. Deswegen die Vielfalt der Legenden um die Amazonen, deshalb ihr Zug gegen die Stadt und der Sieg der Männer von Athen. In der Mythenforschung nennt man so etwas aitiologisch oder politisch (Nilsson 1965. 26-35, 711). Karl Marx würde sagen: ideologisch.

Die Frage nach dem Zweck der Anrufung der Männersolidarität im Dionysostheater ist also beantwortet. Aeschylos richtet einen Appell an die dort versammelten Männer. Sie sollen einig sein als Athener, die auf ihre Demokratie und besonders auf ihr Recht stolz sein können. Und Demokratie und Recht sind eben Sache der Männer, deren Stolz sich erhöht und legitimiert durch diesen Prozeß, in dem das Männlich-Geistige über das Weiblich-Stoffliche gesiegt hat, die Männer über die Frauen. Die Frauen und ihre Dominanz repräsentieren die alte Welt, die Männer und ihre Herrschaft sind die neue Welt. Nicht nur in Griechenland war das die Funktion von Matriarchatsmythen. Das gleiche findet sich, zweitausendfünfhundert Jahre später, bei Indianern in Südamerika. Darauf hat Joan Bamberger hingewiesen (1974).

Die Yamana auf Feuerland haben einen geheimen Männerkult, der Kina genannt wird. Über die Ursprünge erzählen sie folgendes (Bamberger 1974. 269 f.). Zuerst haben die Frauen den Kina-Kult gehabt. Sie hatten damals die Macht. Die Männer mußten ihnen gehorchen. Die Männer saßen im Boot hinten am Heck, die Frauen vorn am Bug. Die Arbeiten in der Hütte wurden von den Männern gemacht, und die Frauen gaben Anweisungen. Die Männer kümmerten sich um die Kinder, hüteten das Feuer und säuberten die Felle. In der Hütte des Kina-Kults beschwörten die Frauen die Geister und machten die Männer glauben, daß alles, was darin vor sich ging, mit der Gegenwart von Geistern geschah.

Sie kamen als Geister vermummt aus der Hütte, vollständig bemalt und mit Masken am Kopf, so daß die Männer ihre Frauen nicht wiedererkannten. Draußen veranstalteten sie ein fürchterliches Spektakel mit großem Lärm. Die Männer flohen verängstigt in die Hütten und verbargen sich dort voller Furcht. Das wiederholte sich ständig, und so hielten die Frauen die Männer in Furcht und Unterdrückung, damit sie alle Arbeiten erledigten, die ihnen die Frauen befahlen. Eines Tages aber beobachtete ein Mann, der die Frauen in der Kina-Hütte mit großen Mengen von Wild zu versorgen hatte, auf seinem Weg dorthin, wie zwei Mädchen sich an einer Lagune die Bemalung abwuschen, die für die Geister typisch war, und außerdem übten sie sich in Stimmen von bekannten Geistern der Kina-Hütte. Der Mann ging auf die Mädchen zu. Er bestand darauf, daß sie ihm erzählten, was in der Hütte vor sich gehe. Da gestanden die beiden, daß es nur die Frauen seien, die dort ihr Unwesen trieben und daß dort keine Geister wären. Der Mann ging zurück zu den anderen und erzählte ihnen das Ganze. Die Männer stürmten die Kina-Hütte. Es folgte ein erbitterter Kampf. Die Frauen wurden zu einem großen Teil getötet. Die Männer übernahmen den Kult, eine neue Ordnung wurde eingeführt bei den Yamana, und die Frauen haben seitdem den Befehlen der Männer zu gehorchen.

Bei den Selk'nam, ebenfalls in Feuerland, erzählt man sich das gleiche (Bamberger 1974. 270 f.). In den Zeiten, als der Wald immer grün war, bevor die kleinen Papageien die Herbstblätter mit der Farbe ihrer Brustfedern bemalten, bevor die Riesen durch den Wald wanderten mit dem Kopf über den Bäumen, da war die Zauberei nur den Frauen bekannt. Sie hatten dafür eine eigene Hütte, der sich kein Mann nähern durfte. Die heranwachsenden Mädchen wurden dort unterrichtet, wie man Krankheit und Tod allen bringen könnte, die man nicht mochte. Die Männer lebten in Furcht und Unterdrückung. Als die Tyrannei der Frauen immer schlimmer wurde, beschlossen die Männer, sie alle zu töten. Es folgte ein großes Massaker, dem keine Frau entging. Die Männer waren gezwungen, auf neue Frauen zu warten, bis die jungen Mädchen heranwuchsen. Aber es erhob sich die Frage, was man tun konnte, damit sich das Ganze nicht wiederholte. Die Lösung war die Gründung eines geheimen Männerkultes, des Hain-Kults, dessen Hütte die Frauen sich bei Todesstrafe nicht nähern durften.

Nicht nur in Feuerland gibt es solche Mythen, deren aitiologischer Chrakter offen zutage liegt. Ähnliches findet sich im Jurupari-Mythos einiger Indianer am nordwestlichen Amazonas und in Zentralbrasilien. (Bamberger 1974. 272-274). Es sind patrilineare Ackerbauern in verschiedenen Stämmen, die Tukano, Desana, Uanano, Cubeo, Witoto und Tukana. Jurupari ist der Gottessohn, der ihnen den Ackerbau gebracht und sie gelehrt hat, daß Frauen sich nicht in die Geschäfte der Männer mischen sollen. Häufig geht es um kultische Musikinstrumente, die er erfunden hat und um ihren Besitz, der den Männern vorbehalten ist, um heilige Flöten zum Beispiel, die dann eines Tages doch von den Frauen berührt werden, worauf ihnen Schamhaare wachsen, die sie vorher nicht hatten. Sie verführen dann die Männer zum Inzest, fürchterliche Strafen folgen, und schließlich wird die Männerordnung wiederhergestellt. Auch die Mbuti-Jäger im Kongo erzählen sich ähnliche Geschichten über die heilige Flöte ihres Molimo-Festes (Gough 1975. 74).

In den Jurupari-Mythen gibt es nicht nur die funktionale Übereinstimmung mit den Matriarchatsvorstellungen der Griechen. Es findet sich in ihnen auch ein Detail der Bachofenschen Rekonstruktion, das seine eigene Erfindung ist: der verbotene Inzest, der Hetärismus als Element einer überwundenen Frauenunordnung. Die Männer als Hüter der Sittlichkeit. Auch wenn bei Bachofen das geordnete Mutterrecht folgt, steht die Promiskuität für ihn doch am Anfang und ist dessen Ursprung. Das verweist auf Bachofen selbst und die Rezeption und Wirkung seines »Mutterrechts« bis heute.

Johann Jakob Bachofen ist nicht der Entdecker des Matriarchats. Das hat es nicht gegeben. Es gab Matriarchatsmythen. Die hat er entdeckt. Ihre Entdeckung ist seine Leistung. Das bleibt. Es ging ihm so ähnlich wie Kolumbus. Er war nicht im Land der Geschichte gelandet mit seiner Santa Maria, sondern im Reich des Mythos, das viel größer ist. Er hat einen Mythos entdeckt und ihn als allgemeine historische Kulturstufe der Menschheit beschrieben. Mit der Identifizierung von Mythos und Logos, von Legende und Geschichte, hat er einen neuen Mythos geschaffen. Dieser von ihm neu verkündete Mythos hat zum Inhalt die sittliche und geistige Überlegenheit der Männer, die sich nach langen Kämpfen endlich gegen die kultische Überlegenheit der Frauen durchgesetzt haben. Dieser neue Mythos hat, ohne daß Bachofen dies gewußt hat, auch die objektive Funktion, die Männerherrschaft seiner und unserer Zeit zu legitimieren. Der große Mytheninterpret war, ohne es zu wissen, auch ein Mythenproduzent. Aitiologische Mythen wurden angesichts einer sich ankündigenden Frauenbewegung dringend benötigt. Seit dem Ende des 18. Jahrhunderts gab es in Europa Forderungen nach Gleichberechtigung der Frauen. Aber erst im 19. Jahrhundert wurde es ernst. Die sechziger Jahre waren besonders wichtig. 1865 wurde in Leipzig der Allgemeine Deutsche Frauenverein gegründet. 1869 erschien John Stuart Mills Schrift über »Die Hörigkeit der Frau«, die große Wirkung hatte. Man brauchte Mythen. Das ist die Erklärung für die große Wirkung, die Bachofen dann bald mit seinem Buch hatte, das wenige Jahre vorher, 1861, erschienen ist. Und so fein gewebt waren die Netze dieses Mythos, so stark seine ideologische Kraft, daß die Unterdrückten, große Teile der Frauenbewegung, sich wieder freiwillig an den Webstuhl gesetzt, ihn begeistert ausgeweitet und seine Ausbreitung selbst übernommen haben. Das ist die List der Geschichte in ihrer häufigsten Form, nämlich als List eines Mythos. Sie setzt sich fort bis in unsere Tage und er, Johann Jakob Bachofen, ist zwar unbewußt, aber sicher nicht unschuldig, das Werkzeug dieser Wiedergeburt eines Mythos geworden.

X. Was bleibt?

Vieles war falsch. Bei der historischen Nachprüfung findet sich kein Matriarchat, auch keine andere allgemeine Kulturstufe der Menschheit. Eine Menge Übertreibungen gibt es im »Mutterrecht« und viele Fehlinterpretationen. Aber Fragmente des Werkes bleiben erhalten. Es hat den Blick gelenkt auf Gesellschaften, in denen die Rolle der Frau eine ganz andere war als in Griechenland und Rom und im übrigen Abendland. Es hat den Blick freigegeben auf Gesellschaften ohne Patriarchat. In Ägypten, Kreta und Lykien waren Frauen gleichgestellt, gab es Matrilinearität und teilweise Matrilokalität. Das ist zwar sehr viel weniger, als Bachofen entdeckt zu haben meinte, aber sehr viel mehr, als man vorher wußte. Auch andere Neuentdeckungen in der Geschichte sind mit starken Übertreibungen verbunden gewesen.

Entscheidend dürfte sein, daß er als erster den Glauben an die Universalität der patriarchalischen Familie erschüttert hat, die man mit Adam und Eva beginnen und unangefochten bis in das 19. Jahrhundert als Institution der Männer zu ihrer Verfügung stehen ließ. Das »Mutterrecht« relativierte diese Perspektive. Das Matriarchat der Frühzeit verunsicherte manchen Patriarchen der Gegenwart in seiner Rolle als ehrwürdiger Greis. Plötzlich hörte man wieder den Klang von Herrschaft im Wort, von Herrschaft, die diskutiert werden konnte. Der Patriarch war ein Mann geworden, der sich rechtfertigen mußte. Allerdings hat Bachofen ihm dafür gleichzeitig ein nicht ungefährliches Arsenal von Hieb- und Stichwaffen mitgeliefert, angefangen von der Aitiologie des Mythos bis zur Darstellung der Entwicklungsgeschichte als Übergang von weiblicher Stofflichkeit zu männlichem Geist, von der Natur zur Kultur. Damit war der Patriarch mit dem Prädikat »kulturell wertvoll« ausgestattet und eine natürliche Ungleichheit von Frauen und Männern postuliert, die schwer zu überwinden war. Auf der anderen Seite konnte ein Matriarchat die frühe Frauenbewegung auch wieder ermutigen, denn immerhin wurde ein anderer gefährlicher Mythos dadurch beschädigt, nämlich der von der natürlichen Überlegenheit der Männer als des stärkeren Geschlechts.

Es bleibt ein sehr ambivalentes Urteil über Johann Jakob Bachofen. Er hat viele Anregungen gegeben und manches richtig gesehen, aber auch vieles falsch und dadurch einen Mythos wiederbelebt, der heute noch als klebriger Bodensatz einer sogenannten Allgemeinbildung in der Stimmung weiterwirkt, in der er das Buch geschrieben hat. Es ist die antirationale Stimmung einer romantischen Frauenverehrung, die mit der hohen Wertschätzung des geliebten Gegenstandes auch mühelos die rationalen Hindernisse beseitigt, die seiner Entmündigung im Wege stehen.

2. Teil

Ethnologie

XI. Ethnologie und Geschichte

Die wichtigste Unterstützung war für Bachofen aus der Ethnologie gekommen. Durch McLennan und Morgan. Besonders Morgans »Ancient Society« schien ein verblüffender Beweis zu sein für die Richtigkeit seiner Rekonstruktion. Was Bachofen bei griechischen Historikern und in der antiken Mythologie entdeckt hatte, das fand Morgan in der Gegenwart, bei den Irokesen im Staate New York. Die Übereinstimmung war groß, die gegenseitige Ergänzung perfekt und die Ethnologie neben der Geschichte und der Mythologie eine der drei Säulen des Matriarchats geworden. Sehr schnell wurde das fragwürdig. Aus drei Gründen.

Erstens zeigte sich nämlich bei der Erforschung anderer matrilinearer Gesellschaften, daß in ihnen regelmäßig die Männer dominierten. Deshalb wandte Westermarck zu Recht ein, der Schluß von der Matrilinearität auf ein Matriarchat sei unzulässig. Zweitens wurde Morgans »Ancient Society« von der Ethnologie dann überhaupt abgelehnt, weil man seine Kombination von ethnologischen Beobachtungen und historischen Rekonstruktionen als unwissenschaftlich ansah. Die Ethnologie hatte sich sehr schnell enthistorisiert. Drittens hatte ihm sehr geschadet, daß Marx und Engels seine Gedanken übernommen hatten. Sie gehörten zu den allgemeinen Lehrsätzen des Marxismus. Sein Urkommunismus und die Hordenpromiskuität waren schon schlimm genug. Das nun auch noch, das war zu viel. Morgan galt als ein bedauernswertes Beispiel eines irregeleiteten Genies (Fortes 1969. 4 f.).

Allerdings wurde er später von der englischen social anthropology wieder rehabilitiert, besonders durch Radcliffe-Brown. Man erkannte, daß seine Gleichsetzung von agnatischem Verwandtschaftssystem und politischer Ordnung in segmentären Gesellschaften der Schlüssel sei für die Erklärung ihres Funktionierens. Die Schüler Radcliffe-Browns haben das in klassischen Monographien über afrikanische Gesellschaften beschrieben, Evans-Pritchard in seinen Büchern über die Nuer und Fortes in den beiden Bänden über die Tallensi. Morgans Analyse des Ineinandergreifens von Exogamie der lineage und Endogamie des Stammes, des segmentären Nebeneinanders der lineages, des Fehlens von Herrschaft und Zentralinstanzen, insgesamt also der Identität von

Verwandtschaftsordnung und Gesellschaftsordnung, ist bis heute anerkanntes Allgemeingut der ethnologischen Forschung geblieben. Er wurde schließlich als Stammvater seiner Wissenschaft anerkannt. Aber eben nur zur Hälfte. Den historischen Teil seiner Lehre hatte man gestrichen. Es blieb der funktionale, strukturalistische.

Dieses Programm der social anthropology war im Grunde schon in den achtziger Jahren von dem Rechtshistoriker Henry Maine formuliert worden. Er sagte, Morgan habe recht, wenn er annimmt, daß Verwandtschaftsbeziehungen eine große Bedeutung haben für die Erklärung früher Gesellschaften. Er akzeptierte auch seine Unterscheidung von Matrilinearität und Patrilinearität. Aber er kritisierte seine historische Rekonstruktion. Matrilinearität und Patrilinearität seien nicht aufeinanderfolgende Stufen einer historischen Entwicklung. Keine der beiden könne als die frühere angesehen werden und die andere als ihre Fortentwicklung. Beide hätten von Anfang an nebeneinander existiert (Maine 1883. 287). Die historische Sicht, das sei Morgans Fehler gewesen. Er habe verschiedene Formen von Verwandtschaft als ein Nacheinander begriffen, wo tatsächlich nur ein Nebeneinander existiere. Das wurde dann das Programm der social anthropology. Wenn man Morgan richtig liest, nämlich nicht historisch, sondern strukturalistisch, dann sehe man, wie recht er hatte und wie gut er analysieren konnte (Fortes 1969. 16).

So beschrieb sie eine große Zahl matrilinearer und patrilinearer Gesellschaften, die in der Gegenwart nebeneinander existierten, jede für sich, als eigenen Forschungsgegenstand, ihre verwandtschaftliche und politische Struktur und das Netzwerk ihrer sozialen Beziehungen. Die verbindende Theorie war nicht mehr eine historische, sondern eine strukturalistische, nämlich die Überzeugung von der grundsätzlich gleichen Struktur dieser Gesellschaften, der Identität von verwandtschaftlicher und politischer Ordnung. Es sind unveränderliche Strukturen. Geschichte findet in ihnen nicht statt. Der Strukturalismus der social anthropology ist unhistorisch, geschichtsfeindlich. Fortes zitiert als Motto für sein letztes Buch über Verwandtschaft und soziale Ordnung einen Satz von Ferdinand de Saussure: »Der Gegensatz dieser beiden Methoden, der synchronischen und der diachronischen, ist absolut. Es gibt keinen Kompromiß.« (Fortes 1969. XII). Die Ethnologie arbeitet nur synchronisch, in der Gegenwart. Die Diachronie, die Sicht durch verschiedene Zeiten, gilt als unwissenschaftlich. Die Frage des Matriarchats stellte sich nicht mehr.

Mit der Entkolonialisierung nach dem zweiten Weltkrieg hat sich das geändert. Die Ethnologie verlor ihre Funktion als Hilfswissenschaft für die direkte Verwaltung und Ausbeutung der dritten Welt. Der Strukturalismus der social anthropology verwandelte sich. Bei Lévi-Strauss entwickelte er sich zu einem Netzwerk zeitloser Denkstrukturen. Bei seinen marxistischen Schülern zu stärkerer Historisierung. Am erfolgreichsten war die amerikanische Ethnologie mit dem Ausbau ihrer historischen Erbschaft. Sie war ohnehin nicht so radikal aufgelöst worden wie in England. Die Vereinigten Staaten hatten keine Kolonien. Hier hat sich historisches Denken stärker erhalten als anderswo. Hier gibt es heute die meisten Arbeiten, in denen Ethnologie mit Geschichte sich verbindet: zur Entwicklung von Jägergesellschaften (Lee, DeVore 1968), zur Entwicklung früher Wirtschaftsformen (Sahlins 1972), zur Entstehung von Herrschaft (Service 1975) und auch erste Versuche zur Erforschung der Vielfalt und Geschichte matrilinearer Gesellschaften (eine Übersicht bei Lamphere 1977). Damit entstand auch für die Ethnologen wieder das Problem des Matriarchats.

Ethnologie und Geschichte sind nicht mehr apodiktisch getrennt wie noch vor dreißig Jahren. Sie werden sich jedoch nicht mehr in der Unbefangenheit verbinden wie bei Morgan und Engels, Maine und Bachofen. Sie gehen aufeinander zu. Das bedeutet zum einen die Wiederaufnahme historischer Überlegungen innerhalb der Ethnologie und zum anderen die Möglichkeit, diese Überlegungen aufzunehmen in die allgemeine Geschichte. Die Fehler des 19. Jahrhunderts müssen damit nicht wiederholt werden.

Die Fehler des 19. Jahrhunderts, die sich bis heute fortsetzen, waren der Evolutionismus und der Eurozentrismus, das ideologische Pulver und Blei für die Unterwerfung der dritten Welt. Von Darwin war die Vorstellung in die Geschichtsschreibung gekommen, die Weltgeschichte sei durch kontinuierlichen Fortschritt gekennzeichnet, eine Folge von Stufen stetiger Vervollkommnung, ökonomisch, politisch, kulturell, auf deren höchster die Völker Europas angekommen wären. Die schriftlosen Gesellschaften der dritten Welt seien Wilde und Primitive, eine Art versteinerter Urgeschichte, minimaler und ursprünglicher Zustand des Menschen in hoher Irrationalität. Zwar galten sie als Ausgangspunkt der Entwicklung zu Vernunft und bürgerlicher Ordnung, aber eben nur als Ausgangspunkt (Kramer 1978. 11, 23 f.). Die Evolution zentrierte sich auf einen höchsten Endpunkt. Der hieß Europa. Das rechtfertigte dann auch, diese Entwicklung durch die Unterwerfung der Wilden zu beschleunigen.

Aus diesem Zerrbild hat die social anthropology manche Unförmigkeit beseitigt. Sie hat den Menschen der von ihr beschriebenen Gesellschaften ihre Würde wiedergegeben. Sie hat die Rationalität ihrer Ordnungen anerkannt. Sie beschrieb das sinnvolle Netzwerk ihrer sozialen Organisation. Zu dieser Rationalität gehören, im Zusammenhang ihres Funktionierens, auch Lebensformen wie Magie, Hexerei und Zauberei, Mythos und Ritual, die in unserer Welt als irrational gelten müßten (Kramer 1978. 24). Das sind ohne Zweifel große Verdienste. Auf der anderen Seite hat die Geschichtsfeindlichkeit der social anthropology auch bewirkt, daß diese Gesellschaften als ein unbeweglicher Block archaischer Kultur erschienen, als geschichtslose Urzeit, in der Veränderung nicht stattfindet. Dadurch wurden sie dann doch wieder – eurozentristisch – unserer modernen Welt als das Fremde entgegengesetzt, aus dem heraus wir uns allein als progressiv verstehen konnten (Kramer 1978. 23). Die zunehmende Historisierung der Ethnologie kann dazu beitragen, auch diesen Fehler zu korrigieren.

Schriftlose Gesellschaften der dritten Welt sind als andere zu begreifen, nicht als wilde oder primitive »Naturvölker«. Sie haben ihren eigenen Wert, ihre eigene Individualität, ihre eigene Geschichte. Ihr Studium hat den großen Vorteil, daß man Denkmodelle findet für die Organisation von Gesellschaft, mit denen man die für uns selbstverständlichen Wege verlassen und Abstand gewinnen kann zu Vorstellungen, an die man sich schläfrig gewöhnt hat. Deshalb soll man vergleichen und kann auch Unterschiede bewerten, wenn man dabei vermeidet, sich einzubilden, man wohne auf der Menschheit Höhen. Vorstellungen über unveränderliche wilde Denkformen sind dabei genauso falsch wie die Annahme, die Menschen dort seien eingebunden in den Zwang eines allumfassenden und alles beherrschenden Kollektivs und seiner Rituale und unvordenklichen Traditionen. Noch in den zwanziger Jahren wurde diese Meinung allgemein vertreten, in der Nachfolge des darwinistischen Evolutionismus. Auch heute noch ist diese Meinung weit verbreitet. Der Wilde sei weit davon entfernt, so sagt man, die freie und ungebundene Existenz zu führen, die Rousseau sich vorgestellt hatte. Im Gegenteil. Er sei von allen Seiten eingeschlossen in die eisernen Ketten eines unabänderlichen Herkommens, nicht nur in seinen sozialen Beziehungen, auch in der Religion, der Medizin, der Produktion und in der Kunst (Hartland 1924. 138). Schon Malinowski hat gezeigt, daß das falsch ist, daß es viele Wege gibt, sich bewußt und frei im Rahmen der Normen dieser Gesellschaften zu bewegen, so wie man sich auch relativ frei innerhalb des Netzes der vielen Rechtsvorschriften unserer Ordnung bewegen kann (Malinowski 1926. 9-16). Manches deutet darauf hin, daß in vielen dieser Gesellschaften Freiheit und Individualität sogar noch in viel höherem Maße sich finden als bei uns. Evans-Pritchard hat dazu vor kurzem in seinen persönlichen Erinnerungen geschrieben, er habe von afrikanischen »Primitiven« viel mehr gelernt, als sie von ihm, nämlich Mut, Standfestigkeit, Geduld und Entsagung. Das habe er vorher so nicht gekannt (zitiert bei Kramer 1978. 21).

Sie sind nicht wild und nicht primitiv. Sie sind andere, die eine eigene Geschichte haben und eine eigene Zukunft. Aber es gibt auch Übereinstimmungen in ihrer und unserer Entwicklung, Übereinstimmungen mit der Entwicklung der europäischen Gesellschaft, die die Frage entstehen lassen, ob es möglich ist, aus ihrer Geschichte Rückschlüsse zu ziehen auf unsere. Die wichtigste Übereinstimmung ist der große Dreischritt in der Entwicklung von Jägergesellschaften zu segmentären Ackerbauern und von diesen zur Entstehung von zentraler Herrschaft in der Gestalt von Häuptlingen oder Königen. Es stellt sich die Frage der komparativen Methode. Lassen sich die Entwicklungen vergleichen? Kann man Rückschlüsse ziehen von der einen auf die andere?

Die Antwort lautet: Ja, wenn es neben dieser großen Übereinstimmung noch mehr Parallelen gibt, die das rechtfertigen. Die Frage ist alt. Schon Morgan hat sie gestellt und – bisher als einziger – ausführlich beantwortet, allerdings in dem Rahmen seiner evolutionistischen Vorstellungen, die in der Tradition des 19. Jahrhunderts standen. Er hat sie positiv beantwortet und seine Gründe sind insoweit heute noch gültig. Es gibt in der Tat erstaunliche Parallelen. Da ist zunächst das agnatische Verwandtschaftssystem. Es findet sich in der Geschichte und in der Ethnologie, und zwar, das ist ein weiteres Argument, in den beiden Formen der Matrilinearität und der Patrilinearität. Sehr starke Ähnlichkeiten gibt es in der frühen Entwicklung kephaler Gesellschaften, nachdem sich die Zentralinstanz erst einmal herausgebildet hat. Immer geht es darum, daß sie zunehmend Kompetenzen aus den agnatischen Verwandtschaftsgruppen abzieht. Immer ist es zuerst die Verfolgung von Tötungsdelikten. Die Zentralinstanz entmachtet sie damit und leitet ihre Auflösung ein, so daß die Verwandtschaftsordnung allmählich wieder zum kognatischen System übergeht. Auch in der Enwicklung des Rechts sind die Übereinstimmungen sehr groß.

Am Anfang stehen anarchische, segmentäre Gesellschaften. In ihnen gibt es keine Herrschaft, keine Zentralinstanz, kein Recht. Diese drei gehören zusammen, sind begrifflich und historisch untrennbar miteinander verbunden. Recht und Ordnung, law and order, sind nicht identisch. Vor dem Recht gibt es die sich selbstregulierende Ordnung segmentärer Gesellschaften, die man als Gewohnheit bezeichnen kann. Sie wird zerstört durch die Entstehung institutionalisierter politischer Herrschaft. Recht entsteht mit Herrschaft, ist eines ihrer wichtigsten Instrumente. Es bedeutet zunächst die Zerstörung einer alten Ordnung. Erst in zweiter Linie ist es verbunden mit dem Aufbau einer neuen (Diamond 1974, Kritische Justiz 1979). Es entwickelt sich in kephalen Gesellschaften aus den Regeln für die Lösung von Konflikten, die aus Verletzungen entstehen, aus Körperverletzungen, tätlichen Beleidigungen, Tötungen, aus Ehebruch und ähnlichen Schädigungen, die außerhalb vertraglicher Beziehungen erfolgen. Das ist das Deliktsrecht, das immer am Anfang einer Rechtsentwicklung steht, und zwar zunächst immer in einer Mischung aus dem, was wir heute als Strafrecht und Privatrecht unterscheiden. Recht ist am Anfang immer – das gilt für die Geschichte und für die Ethnologie in gleicher Weise – Deliktsrecht, und zwar als ungetrenntes Privatstrafrecht. Erst dann spaltet es sich langsam auf, wird Privatrecht und Strafrecht. Und erst danach entsteht aus dem Deliktsrecht auch ein Vertragsrecht (Kritische Justiz 1979, 247-251).

Nimmt man das alles zusammen, dann läßt sich sagen, daß es genügend Gründe gibt, die die komparative Methode rechtfertigen. Aber Vorsicht ist geboten. Die Möglichkeiten unterschiedlicher Entwicklungen sind sehr groß. Das gilt schon für den Vergleich von Jägergesellschaften der Altsteinzeit mit solchen von heute. Auf der einen Seite gibt es beachtliche Parallelen, zum Beispiel in der Größe der Horden und der Dauer des Verweilens an einem Lagerplatz (Isaac 1968. 258). Man kann sie also durchaus miteinander vergleichen. Auf der anderen Seite sind die Unterschiede auch wieder sehr groß, was deutlich wird, wenn man nur an die unübersehbare Masse von Steinwerkzeugen denkt, die sich in der Steinzeit finden, aber nicht oder nur in sehr viel geringerem Umfang bei heutigen Jägervölkern. Ähnlich ist es bei segmentären Gesellschaften. Sie sind schon in der Gegenwart so unterschiedlich organisiert, besonders matrilineare, daß man mit historischen Rückschlüssen außerordentlich vorsichtig sein und sich auf sehr allgemeine Aussagen beschränken muß. Dazu gehört auch, daß man keine Feststellungen treffen kann über die historische Abfolge von Matrilinearität und Patrilinearität. Es gibt inzwischen erste Ansätze zu historischen Untersuchungen von Ethnologen (Kapitel XVIII). Manches deutet darauf hin, daß matrilineare Gesellschaften sich zur Patrilinearität entwickeln können. Umgekehrte Entwicklungen sind nicht bekannt. Aber es ist durchaus möglich, daß sich eine große Zahl patrilinearer Gesellschaften gebildet hat, ohne vorher matrilinear gewesen zu sein.

Allgemein läßt sich zunächst sagen, daß am Anfang der gesellschaftlichen Entwicklung die Jäger und Sammler stehen. Jede segmentäre Gesellschaft muß aus ihnen entstanden sein. Die segmentäre Ordnung ist in aller Regel das Ergebnis des Übergangs zur Landwirtschaft, vom food gathering zum food producing. In ihr bilden sich Matrilinearität oder Patrilinearität. Diese zweite Stufe der Entwicklung ist ebenfalls, wie die der Jäger, akephal. Als letzter, dritter Schritt, entstehen aus diesen Gesellschaften Herrschaft und Kephalität, Häuptlingsgesellschaften oder frühe Königreiche, Protostaaten. Weder in der Geschichte noch in der Ethnologie ist ein Fall bekannt, in dem sich Kephalität direkt aus einer Jägergesellschaft gebildet hat. Das ist der allgemeine Dreischritt: Jäger – segmentäre Ackerbauern – Kephalität. Innerhalb dieses Rahmens müssen sich auch Überlegungen bewegen zur Stellung von Frauen in frühen Gesellschaften.

XII. Frauen in Jägergesellschaften. Die Entstehung der Familie

Menschen gibt es mindestens seit ein bis zwei Millionen Jahren. Die Schätzungen verschieben sich mittlerweile immer weiter nach hinten. Vor zehntausend Jahren entstanden Landwirtschaft, Akkerbau und Viehzucht. Das ist noch nicht einmal ein Prozent. Über neunundneunzig Prozent ihrer Geschichte haben Menschen als Sammler und Jäger gelebt. Mehr als siebzig Milliarden waren es, von bisher insgesamt achtzig (Lee, DeVore 1968a. 3). Die Sprache hat sich hier entwickelt und der aufrechte Gang, der Gebrauch von Feuer und Werkzeugen, die Zubereitung von Nahrung und die Familie.

Auch heute noch gibt es eine große Zahl solcher Gesellschaften. Bis vor kurzem waren es über einhundert. Sie leben in Afrika, Asien, in der Südsee, in Australien, in Nord- und Südamerika und in der Arktis (Murdock 1968). Sie sind keine Urzeitmenschen. Aber in ihrer einfachen Technologie, mit Pfeil und Bogen, Speeren, Nadeln, Kleidung aus Fell, mit ihren Behausungen, die meistens nur vorübergehend benutzt werden, und in ihrer sehr einfachen sozialen Ordnung finden sich viele Parallelen zum Leben in der frühesten Zeit. Die meisten von ihnen leben in ökologisch ungünstiger Umgebung, in die sie von ständig vordringenden Ackerbau- und Industriegesellschaften abgedrängt worden sind. Will man sich ein Bild machen von den historischen Sammlern und Jägern der Altsteinzeit, dann ist das nur möglich, wenn man die wenigen betrachtet, die heute noch in günstiger Umgebung leben, wie zum Beispiel die Mbuti-Pygmäen im Urwald des Ituri, eines Nebenflusses des Kongo (Lee, DeVore 1968a. 5).

In der Anthropologie und Ethnologie hat man bis vor kurzem die Jagd auf Säugetiere als das Charakteristikum des Lebens früher Menschen angesehen. Damit waren viele Vorurteile verbunden. Inzwischen haben Untersuchungen in Jägergesellschaften ergeben, daß Fleisch nur zwanzig bis vierzig Prozent ihrer Diät ausmacht. Der Rest besteht aus pflanzlicher Nahrung, die gesammelt wird, aus Beeren, Blättern, Wurzeln, Nüssen, Lianen, Pilzen. Auch in der Steinzeit wird das so gewesen sein (Lee,

DeVore 1968a. 5). Eines der Vorurteile war, die Menschen hätten kaum Muße gehabt, seien ständig vom Hunger und Hungertod bedroht und immer auf der Suche nach Nahrung gewesen, unter höchster Anspannung aller Kräfte auf der schwierigen Jagd nach Wild. Das nannte man »Subsistenzwirtschaft«. Sie habe ihnen keine Zeit gelassen, eine Kultur aufzubauen. Jäger, meinte man, müßten für ihren Lebensunterhalt länger und schwerer arbeiten als Ackerbauern oder Hirten. Inzwischen gibt es Untersuchungen über ihre Arbeitszeit (Lee, DeVore 1968a. 6, Sahlins 1972. 17-27). Sie zeigen, daß es umgekehrt ist. Im Durchschnitt sind es nur zwei bis vier Stunden täglich, wenn man alles zusammenrechnet, einschließlich der Zubereitung von Nahrung. Bei mehr als 2000 Kalorien täglich war das durchaus nicht der harte Lebenskampf, an den man immer geglaubt hat. Man hat eben nicht den hohen Anteil pflanzlicher Nahrung beachtet, die leichter und sicherer zu sammeln ist. Die Überzeugung vom harten Lebenskampf der Jäger ist sehr alt. In der Antike war sie schon verbreitet. Adam Smith war dieser Meinung. Schließlich ist sie eingegangen in die Evolutionstheorie des 19. Jahrhunderts. Im 20. Jahrhundert wurde sie von den Archäologen übernommen. Das allgemeine Schlagwort stammt von Gordon Childe. Der große Sprung nach vorn sei erst in der Jungsteinzeit mit dem Ackerbau gelungen, in der »neolithischen Revolution«, wie er sie genannt hat (Childe 1956). Marshall Sahlins, der sich in letzter Zeit sehr intensiv mit der Wirtschaft von Jägervölkern beschäftigt hat, nennt das eine »neolithische Ideologie« (Sahlins 1972. 3).

Jäger haben nicht viele Bedürfnisse. Deshalb leben sie in einem gewissen Reichtum. Überwiegend ist heutet Marshall Sahlins' Formulierung akzeptiert, sie seien die erste und eigentliche Überflußgesellschaft gewesen, 'first affluent society', sagt er. Folge dieses Überflusses ist der Mangel an Vorratshaltung. Technisch wäre sie ihnen möglich. Als Möglichkeit ist sie ihnen auch bewußt. Aber sie halten sie für »überflüssig« (Sahlins 1972. 32). Daher die Fröhlichkeit, der man in diesen Gesellschaften begegnet. Sie müssen nicht an das Überleben in der Zukunft denken, planen und vorsorgen, wie Ackerbauern. Sie leben in den Tag hinein.

Sicherlich, ihre Ökonomie hat auch Nachteile, besonders für die Alten. Nach einiger Zeit erschöpft sich die Umgebung eines Lagers. Man muß weiterziehen. Das Wandern ist die notwendige

Folge ihrer Wirtschaftsform. Deshalb ihr Mangel an Habe. Reichtum wäre eine Last für den Jäger, mindestens für seine Frau, die auf den Wanderungen häufig allein die bewegliche Habe zu tragen hat, während die Männer mit Pfeil und Bogen im Zuge vorangehen. Alte und Kranke, die nicht mehr laufen können, müssen sie töten oder sterben lassen. Auch Neugeborene werden häufiger umgebracht, meistens die weiblichen, um die Gruppen klein zu halten. Und natürlich gibt es bei ihnen zeitweise Hunger, aber nicht so viel wie heute. Damals war es eine vorübergehende Erscheinung. Heute ist es eine Institution, ein Drittel der Menschheit davon betroffen. Mit der Evolution von Kultur hat der Hunger ständig zugenommen (Sahlins 1972. 37). Das Anwachsen von Reichtum ließ die Armut entstehen. Jäger sind – in diesem Sinn – nie arm gewesen.

Sie leben in Horden von zwanzig bis über einhundert Menschen. Regelmäßig sind es weniger als fünfzig. Eine feste – agnatische – Verwandtschaftsstruktur wie bei frühen Ackerbauern findet sich kaum. Ihr soziales Leben ist egalitär. Das Kollektiv der Horde bestimmt sich selbst. Entscheidungen über die Jagd, Abbruch des Lagers und den Ort des nächsten werden gemeinschaftlich getroffen. Manchmal gibt es Wortführer in der Horde, Männer von größerer Autorität. Meistens sind es die erfolgreichen Jäger. Aber auch ältere Frauen haben Autorität. Konflikte werden gelöst in gemeinsamer Beratung, bei der die Alten das Wort führen. Es gibt nur eine einzige Arbeitsteilung. Das ist die zwischen den Geschlechtern. Immer sind es die Männer, die jagen. Die Frauen sammeln die pflanzliche Nahrung, kümmern sich um die Kinder und die Zubereitung des Essens. Sie betreiben die frühen Haustechniken wie Flechten, Lederverarbeitung, Herstellung von Kleidung und – bei höherer Entwicklung – die Töpferei.

Wichtigste ökonomische Einheit ist die kleine Familie, die meistens aus einem Mann mit seiner Frau und ihren Kindern besteht. Die Jäger sehen es selbst so: ein Mann mit seiner Frau. Manchmal gibt es mehrere Frauen für einen Mann, manchmal, in einigen wenigen Gesellschaften, sind es einzelne Frauen, die mit mehreren Männern leben, meistens bei Männerüberschuß. Es gibt auch größere Familien, zu denen auch die Großeltern gehören, in einigen Fällen sind es Familienverbände mit mehreren verheirateten Brüdern oder Schwestern und ihren Frauen oder Männern und Kindern. Regelmäßig ist es eine normale kleine Familie: ein Mann, eine Frau, ihre Kinder. Diese Familie ist die wichtigste ökonomische Einheit, arbeitsteilig und mit gemeinsamem Konsum. Wegen der zum Teil sehr strikten Arbeitsteilung kann weder ein Mann ohne Frau, noch eine Frau ohne Mann existieren. Nach Tod oder Trennung sucht man sich einen anderen.

Es gibt keine Hordenpromiskuität. Bachofen, Morgan und Engels haben geirrt. Die Familie ist sehr viel älter, als sie meinten. Sie geht zurück in die frühe Altsteinzeit, die Schätzungen liegen zwischen 50 000 und 500 000 Jahren (Gough 1975. 62). Die höheren werden wohl die richtigen sein. Ursprung der Familie war wohl schon der aufrechte Gang (Gough 1975. 60 f.). Er hatte zwei anatomische Folgen. Im Laufe von Jahrtausenden wurden die Köpfe größer und die Becken kleiner. Die Kinder konnten deshalb nicht mehr so lang im Mutterleib bleiben, mußten zunehmend früher geboren werden. Sie waren bei ihrer Geburt weniger entwickelt, länger hilflos und abhängig von der Pflege und Ernährung durch ihre Mütter. Man nennt das Neotenie. Je länger ein Kind abhängig ist, desto länger ist es beeinflußbar. Desto mehr kann es lernen. Die Neotenie, die längere Abhängigkeit von der Mutter, ist der Grund für die Zunahme menschlicher Intelligenz und kulturellen Verhaltens. Ursprung und Bedingung von Kultur und Zivilisation. Wohl der wichtigste Beitrag der Frauen zur Entwicklung von Humanität, denn sie waren es, die die Kinder ständig um sich hatten. Wahrscheinlich ist er größer gewesen als der der Männer. Jedenfalls wurde er bisher von der männlichen Forschung stark unterschätzt (Slocum 1975). Das zeigt sich schon in der herkömmlichen Terminologie. Jägergesellschaften werden sie genannt, obwohl sie im wesentlichen vom Sammeln lebten.

Weil die Frauen sich länger um die Kinder kümmern mußten, waren sie ausgeschlossen von der Jagd, die freie Beweglichkeit erfordert, ungehindert durch kleine Kinder oder Schwangerschaft. Es entstand die Arbeitsteilung der Geschlechter. Die Männer gingen auf die Jagd. Die Frauen sammelten die pflanzliche Nahrung, was auch mit kleinen Kindern möglich ist. Sie übernahmen die Zubereitung der Nahrung, nicht nur für die Kinder, sondern auch für den Mann. Es entstand die Familie als Folge dieser Arbeitsteilung, als die kleinste Einheit, in der Arbeitsteilung stattfand, gemeinsame Verteilung und gemeinsamer Verzehr der Produkte. Sie war nicht die logische, sondern die historische Folge dieser Arbeitsteilung. Sicher wäre es auch möglich gewesen, im Kollektiv der Horde gemeinsam zu verteilen und zu verbrauchen. In vielen Jägergesellschaften wird die Jagdbeute gemeinsam verteilt, wenn die Männer gemeinsam auf die Jagd gehen. Aber sie wird getrennt konsumiert, in der historischen Einheit der Familie, die sich überall findet. Hier wird die pflanzliche Nahrung eingebracht, die die Frau gesammelt hat. Hier wird gekocht und gemeinsam verzehrt.

Auf dieser Familie ruht noch nicht der gesellschaftliche Druck, der sich später in Ackerbaugesellschaften findet. Ackerbauern brauchen für ihr Überleben eine ausreichende Zahl ansässiger Kinder. Jägerhorden ergänzen sich nicht nur durch die Geburt von Kindern, sondern auch durch den verhältnismäßig leicht möglichen Zugang von außen. Die Fluktuation ist groß. Ihr Problem ist selten der Mangel, sondern eher der Überfluß an Kindern, an überflüssigen Essern. Daher werden sie häufig getötet. Deshalb verlangt man von den Frauen häufig sexuelle Abstinenz während der langen Zeit, in der sie stillen. Die Familie hat nicht den gesellschaftlichen Zweck der Erzeugung von Kindern, wie später. Ihre Entstehung ist nur die historische Folge der Erzeugung von Kindern, über Neotenie und Arbeitsteilung, nicht ihr Zweck. Sie ist eine ziemlich freie Verbindung von Frau und Mann, ihre ökonomische Grundlage nur individuell, nicht gesamtgesellschaftlich vermittelt. Dementsprechend gibt es regelmäßig keine Hochzeitsriten. Man zieht einfach zusammen, lebt in einer Hütte. Das ist alles. Ebenso leicht kann man wieder auseinandergehen, solange noch keine Kinder existieren. Im Laufe der Zeit wird die Verbindung fester, besonders wenn Kinder geboren sind. Oft bleiben die Paare bis ins hohe Alter zusammen. Aber auch spätere Trennungen sind nicht ungewöhnlich. Die Ehe ist leicht lösbar, entspricht etwa dem, was Morgan als syndiasmisch bezeichnet hat (Morgan 1877, 3. Teil, 4. Kapitel).

Daher auch die geringe Zahl und Stärke von Sexualtabus. Es gibt das Inzestverbot, regelmäßig zwischen Mutter und Sohn, häufig zwischen Vater und Tochter. Es hat nicht genetische Gründe der biologischen Zuchtwahl, wie Morgan und Engels meinten, sondern gesellschaftliche. Warum und wie es sich entwickelt hat, darüber gibt es noch viele Meinungsverschiedenheiten. Jedenfalls hatte es mehrere nützliche Funktionen (Gough 1975. 61). Es diente der Erhaltung der Solidarität der Familie als kooperativer

Einheit, weil der Wettbewerb um die Paarung beseitigt wurde. Und es ließ Bindungen entstehen zwischen den Familien, über die Verbindung der Kinder, wodurch eine weitere Grundlage für die Kooperation in der Horde und zwischen den Horden geschaffen wurde. Außerdem begrenzte es möglicherweise die Zahl der Paarungen in der Horde und trug so vielleicht dazu bei, sie nicht zu groß werden zu lassen (Washburn, Lancaster 1968. 301). Im übrigen gibt es kaum Verbote. Die vorehelichen Beziehungen sind völlig frei. Aber auch der Ehebruch hat nicht die harten Folgen, die er in Ackerbaugesellschaften haben kann. Insofern, aber nur insofern, kann man doch von einer Hordenpromiskuität sprechen. Allerdings nicht, wie Bachofen, Morgan und Engels es taten, die damit die Nichtexistenz der Familie meinten.

Die verhältnismäßig große sexuelle Freiheit bei Sammlern und Jägern kann als Gradmesser gelten für die Stellung der Frauen. Regelmäßig ist die Situation der Frau um so besser, je größer die sexuellen Freiheiten sind. Ihre Unterdrückung in Ackerbaugesellschaften ist immer verbunden mit einer größeren Zahl sehr starker Sexualtabus. Frauen in Jägergesellschaften geht es verhältnismäßig gut. Sie sind nicht völlig gleichgestellt, aber auch nicht unterdrückt. Mit wenigen Ausnahmen. Das Besitzstreben der Männer ist kaum ausgebildet. Nur ausnahmsweise gibt es gewalttätige Rivalitäten um Frauen, die ebenfalls immer ein sehr sicheres Indiz für ihre Unterdrückung sind. Häufig geht die Werbung von den jungen Frauen aus, nicht von den Männern. So ist es zum Beispiel bei der Initiation der Mädchen im Elima-Fest der Mbuti (Turnbull 1965. 132-140).

Allgemein sind allerdings Frauen auch schon in Jägergesellschaften das zweite Geschlecht (Gough 1975. 69, Lamphere 1977. 621-624). Im einzelnen gibt es große Unterschiede. Eine starke Unterordnung der Frauen findet sich bei den Eskimo. Viel besser ist es bei den Jägern in Waldgebieten. Eine völlige Gleichstellung von Frauen und Männern wird sogar angenommen für die Kung-Buschmänner in Südafrika (Draper 1975, zweifelnd Lamphere 1977. 615). Die bessere Situation der Frauen in Waldgebieten hängt wohl zusammen mit ihrem Beitrag zur Nahrungsbeschaffung. Ihre Unabhängigkeit und ihr Einfluß sind um so größer, je wichtiger das Sammeln pflanzlicher Nahrung ist, das bei den Eskimo – mindestens im Winter – keine Rolle spielt. Sie leben ökologisch in einer extremen Situation, die für frühe Jägergesellschaften untypisch ist. Bei den Mbuti im Kongo ist das ganz anders. Die Ökologie ist günstig, das Sammeln von Pflanzen wichtig, die Stellung der Frauen dementsprechend gut.

Überall allerdings, auch bei den Mbuti, ist das Prestige des Jägers, besonders des guten, höher als das der Frauen. Bei den Beratungen der Horde führt er das Wort. Es gibt zwar auch ältere Frauen mit hohem Ansehen. Aber das Wort der Männer hat letztlich das größere Gewicht. Die Egalität in Jägergesellschaften ist sehr groß, am größten aber eben doch unter den Männern. Ihre Jagd scheint auch eine kollektive Organisation eher zu fordern, als das Sammeln der Frauen. Schon das macht sie stärker, denn eine der Folgen davon ist, daß die überwiegende Zahl von Jägergesellschaften vorwiegend patrilokal ist (Gough 1975. 71). Die Männer bestimmen die Horde, in der man lebt. Die Frauen folgen. Das hat für die Männer den Vorteil, daß sie dort besser vertraut sind, weil sie regelmäßig bleiben, wo sie ihre festen Bindungen haben, nicht nur im Kollektiv der Jagd. Häufig ist es die Horde ihres Vaters. Es gibt allerdings manche Anzeichen dafür, daß das in der frühesten Zeit nicht immer so gewesen ist.

Bei den Primaten sind es nämlich regelmäßig die männlichen Tiere, die die Horde verlassen. Die Übersiedlung der Frau zur Horde des Mannes wird ein ziemlich später Entwicklungsstand sein, der sich aus der großen Bedeutung erklärt, die das kollektive Jagen der Männer erlangt hatte (Gough 1975. 72). Aus der Kooperation bei der Jagd ergibt sich auch eine gewisse Dominanz der Männer im Kult, soweit er, wie meistens in diesen Gesellschaften, die Jagd betrifft. Frauen sind davon grundsätzlich nicht ausgeschlossen, wie in Ackerbaugesellschaften, aber schon bei einigen Jägern gibt es ein Männermonopol für den wichtigsten Kult, zum Beispiel im Molimo-Fest der Mbuti den Ausschluß der Frauen von der heiligen Trompete (Turnbull 1965. 263-265).

Die Ungleichheit am Anfang ist milde, verglichen mit der Deklassierung der Frauen in vielen Ackerbaugesellschaften. Sie hat eher Gründe, die in dieser Lebensweise unabänderlich sind. Es ist die physische Belastung der Frauen durch Schwangerschaft und die physische und soziale Behinderung durch die Neotenie. Die sich daraus ergebende Arbeitsteilung hat auch schon deshalb nicht dieselben Wirkungen wie bei Ackerbauern, weil die Arbeit bei Jägern und Sammlern nicht die gleiche Rolle spielt. Sie arbeiten wenig. Also hat Arbeitsteilung keine großen Folgen.

XIII. Natürliche Unterschiede?

Gründe für gesellschaftliche Ungleichheiten zwischen Frauen und Männern bei Sammlern und Jägern sind Schwangerschaft, Neotenie und Arbeitsteilung. Gibt es noch mehr? Gibt es außer diesen, die leicht erkennbar sind, allgemeine »natürliche« Unterschiede zwischen den Geschlechtern, die ebenfalls zur sozialen Benachteiligung von Frauen führen, sie verstärken können?

Forschungen darüber haben in der letzten Zeit stark zugenommen, wahrscheinlich als Folge der Frauenbewegung, die man mit dem Hinweis auf natürliche, nicht zu beseitigende Unterschiede zu stoppen versuchte. Lange Zeit glaubte man, Anatomie sei ein Schicksal, ihre unterschiedliche Gestalt bei Frauen und Männern die Ursache für physische, emotionale und intellektuelle Unterschiede. Zwischen 1930 und 1960 änderte sich das. Ethnologen entdecken, daß Männer Funktionen wahrnehmen konnten, die in unserer Gesellschaft Frauen zugewiesen sind, und umgekehrt. Margret Mead zeigte, daß auch die übliche Verteilung geschlechtstypischer Emotionen nicht unabänderlich ist, daß es vielmehr Gesellschaften gibt, in denen die Männer sensibel, unbeständig und abhängig sind von Stimmungen und die Frauen berechnend und aggressiv (Mead 1935). Mehr oder weniger blieben diese Erkenntnisse jedoch folgenlos.

In den sechziger Jahren entstand in den Vereinigten Staaten das women's liberation movement, als Folge der Bürgerrechtsbewegung. Sie bekamen nicht nur akademische Unterstützung, es gab auch wissenschaftlichen Widerstand. Ein Teil davon sind Forschungen über unabänderliche Unterschiede zwischen Frauen und Männern, in Anatomie, Intelligenz, Emotionalität und in der gesellschaftlichen Rolle. Am bekanntesten ist die soziobiologische Primatenforschung mit ihren Untersuchungen über geschlechtstypisches Verhalten bei höher entwickelten Affenarten, von denen die Paviane sich als die beliebtesten herausstellten, weil bei ihnen die Unterschiede im Körperbau und in der sozialen Rolle der weiblichen und männlichen Tiere besonders prägnant sind. In gewisser Weise gehören sie zu unseren natürlichen Vorfahren. Deshalb konnten diese Forschungen als Rückbesinnung gelten auf unsere Natur, die durch die inzwischen entwikkelte Kultur doch nicht ganz zu überwinden sei – die Herrschaft der Männer als unabänderliches Naturereignis (Goldberg 1973).

Inzwischen sind sie ergänzt worden durch Untersuchungen zur Gegenwart des Menschen über psychologische und intellektuelle Grundunterschiede bei weiblichen und männlichen Säuglingen, Kindern, Zwillingen, Erwachsenen (Übersicht bei Sullerot 1979). Zum Teil stimmen sie mit der Primatenforschung überein, zum Teil widersprechen sie ihr. Grundlegende Meinungsverschiedenheiten gibt es darüber, ob die Unterschiede, die man beobachten kann, biologische oder gesellschaftliche Ursachen haben. Viele Fragen gibt es, für die Vergangenheit, die Gegenwart und die Zukunft. Über die Gegenwart meint man inzwischen einiges zu wissen, zum Beispiel, daß Frauen eine bessere Begabung haben im sprachlichen Ausdruck und Männer in der räumlichen Orientierung (Witelson 1979, Zazzo 1979. 313 f.). Von der Vergangenheit weiß man weniger, am wenigsten über die Zukunft. Wie und wieweit lassen sich solche Unterschiede, sofern sie bestehen und die soziale Gleichstellung behindern können, überwinden? Die Antwort kann nur heißen: durch gesellschaftliche Veränderung, die dabei auf solche Forschungen zurückgreifen muß, also durch kulturelle Schöpfung, die sich auch in der Geschichte der Männer schon häufiger gegen die Natur durchgesetzt hat.

Die Primatenforschung hat eine gewisse Bedeutung für die Beurteilung der Vergangenheit. Man kann sie nicht außer acht lassen, wenn man die Stellung von Frauen in frühen Gesellschaften bedenkt. Ihre Stichworte sind Dimorphismus, Aggressivität, Hierarchie und Dominanz (DeVore, Hall 1965; Leibowitz 1975). Man versteht das am besten am Beispiel der Paviane. Sie bestätigen anschaulich und drastisch die Vorstellungen, die sich manche von unserer Vergangenheit, Gegenwart und Zukunft machen, von einer natürlich gegebenen Vorherrschaft der Männer. Allerdings nur ein Teil der Paviane ist dafür geeignet, nämlich diejenigen, die in der Savanne leben, die hundeköpfigen, kynokephaloi. Sie sind zuerst 1961 von DeVore und Washburn beschrieben worden. Die anderen sind weniger imposant. Sie leben in afrikanischen Wäldern und Farmgebieten und wurden 1971 und 1972 von Maples und Rowell beschrieben.

Die Savannenpaviane bewegen sich in großen, friedlichen und stabilen Horden von einhundert bis zweihundert Tieren. Es gibt keine Fluktuation. Sie leben im wesentlichen von pflanzlicher

Nahrung. Nur ab und zu fressen sie Schnecken und Würmer oder jagen kleine Vögel, Hasen oder Gazellen. In der Mitte der Gruppe halten sich die Mütter mit Kindern und die jungen Tiere auf, am Rande ziehen die männlichen Paviane umher, zum Schutz gegen Raubtiere. Die männlichen Tiere sind doppelt so groß wie die weiblichen, haben einen dickeren Pelz und – ihre wichtigste Waffe – sehr große Eckzähne, die bei den weiblichen kaum ausgebildet sind. Dieser Dimorphismus ist erstaunlich, auch im Vergleich mit anderen Primaten, bei denen er regelmäßig geringer oder – wie bei den Gibbon – gar nicht vorhanden ist. Die männlichen Tiere verteidigen die Horde gegen Löwen, Leoparden und andere Raubtiere. Oft fliehen sie vor ihnen einfach auf die Bäume. Im offenen Land aber sind die kräftigen Muskeln und großen Eckzähne der erwachsenen Männchen der einzige Schutz der Horde, die dementsprechend aufgebaut ist auf ihrer Dominanz über die weiblichen Tiere und einer bemerkenswerten stufenweisen Hierarchie untereinander. Es gibt Untergruppen mit jeweils einem starken männlichen Tier, das alle anderen dominiert, nicht nur die weiblichen, sondern auch die männlichen. Das sind die berühmten Alphamännchen. Sie werden von den weiblichen Tieren für die Paarung gewählt und verdrängen dabei die anderen männlichen, mit denen sie überhaupt stark konkurrieren, zum Beispiel auch, wenn ihnen von den weiblichen kleine Mengen schmackhafter Nahrung angeboten werden. Sie geben die Richtung der Gruppe an, sind die aggressivsten in der Horde und sofort zur Stelle, wenn Gefahren von außen drohen.

Auch beim Menschen gibt es Dimorphismus, früher und heute. Die Männer sind größer und stärker. Und sie sind aggressiver. Das wird nun von einigen Anthropologen kombiniert mit den Beobachtungen der Primatenforschung. Dimorphismus, Aggressivität und als ihre notwendige Ergänzung, Hierarchie und Dominanz werden zu universalen Kategorien, zu natürlichen und unabänderlichen Faktoren unseres Lebens, die nicht gesellschaftlich, sondern biologisch-instinktiv bedingt sind, also auch nicht gesellschaftlich beseitigt werden können. Das hat es also immer gegeben, die Hierarchie von Männern untereinander, politische Macht von Männern über Frauen und die Neigung von Frauen, sich an die Männer zu binden. Und es wird auch so bleiben (Fox 1967. 27-33, Morris 1968. 217-282).

Kann man bei Primaten die Natur des Menschen entdecken?

Wohl kaum. Erstens: Sprache, Argumentation, Intelligenz und Kultur können am Anfang der Entwicklung durchaus zu größerer Gleichheit von Frauen und Männern geführt haben. Zweitens: Der Dimorphismus beim Menschen ist sehr viel schwächer. Der Traum vom Alphamännchen scheitert schon an den Proportionen. Drittens: Die Ergebnisse der Primatenforschung sind durchaus nicht so eindeutig, wie es aus der Beobachtung der Paviane in der Savanne erscheint (Leibowitz 1975). Schon die Paviane, die in den Wäldern leben und in Farmgebieten, sind anders organisiert. Die Verteidigung ist nicht so wichtig, die Dominanz der männlichen Tiere über die weiblichen geringer. Es gibt keine besondere Vorliebe der weiblichen Tiere bei der Paarung. Eine äthiopische Gruppe zeigte innerhalb einer Generation außerdem eine erstaunliche Wandlung ihres sozialen Verhaltens (Leibowitz 1975. 30). Sie wurde in einem Reservat gehalten. Nachdem die älteren in Freiheit geborenen Männchen ausgestorben waren, übernahm ein älteres weibliches Tier die Führungsrolle, weil die in Unfreiheit geborenen männlichen Paviane diese Rolle nicht mehr erlernt hatten. Unveränderliches biologisches instinktives Verhalten?

Selbst die Paviane liefern also keinen unausweichlichen Beweis für den Zusammenhang von Dimorphismus und sozialer Rolle. Die anderen Primaten zeigen es noch deutlicher. Dimorphismus führt nicht zwingend zur Dominanz. Die Orang Utans sind stark dimorph, die Männchen doppelt so schwer wie die Weibchen, haben auch sehr viel größere Eckzähne. Aber sie sind kaum aggressiv. Es gibt keine Hierarchie. Sie dominieren nicht über die weiblichen Tiere. Die Schimpansen sind weniger dimorph, allerdings haben die männlichen sehr viel größere Eckzähne. Es gibt kaum Dominanz bei ihnen, kaum Hierarchie. Die männlichen Tiere paaren sich mit den weiblichen, so oft sie sie empfängnisbereit finden. Sie warten Seite an Seite darauf. Friedlich und ohne Konkurrenz. Allerdings sind sie Baumaffen, wie die Orang Utan. Unter den nichtmenschlichen Primaten scheinen Hierarchie, Dominanz und Dimorphismus, sofern sie gemeinsam auftreten, selektive Anpassungen an die Umgebung zu sein, nämlich dann zu entstehen, wenn Verteidigung notwendig wird gegen Raubtiere, also bei Pavianen, Meerkatzen und Gorillas (Gough 1975. 58). Insofern gibt es möglicherweise doch stärkere Ähnlichkeiten mit den frühen menschlichen Jägern, die ebenfalls auf dem Boden leben und durch Raubtiere gefährdet sind. Allerdings ist der

Dimorphismus beim Menschen sehr viel geringer. Sein Einfluß muß abnehmen, je komplexer die sozialen Beziehungen werden, in denen die Instinkte immer mehr zurücktreten hinter seine intellektuellen Fähigkeiten (Maccoby 1979. 292-294). Und intellektuelle Unterschiede zwischen Frauen und Männern gibt es nun nicht. Das steht fest (Sullerot 1979. 337). Jäger der späten Altsteinzeit hatten eine lange gesellschaftliche Entwicklung hinter sich, von einer Million Jahren oder noch mehr. Es ist nicht sehr wahrscheinlich, daß sie noch beherrscht wurden von Primateninstinkten, die in der äthiopischen Paviangruppe schon in einer Generation überlagert wurden. Wie groß die Wandlungsfähigkeit des Menschen ist, zeigt die räumliche Orientierung.

Neuere Untersuchungen zu unterschiedlichen Eigenschaften von Männern und Frauen kommen zu dem Ergebnis, daß bei Frauen die Fähigkeit zu sprachlichem Ausdruck, bei Männern die räumliche Orientierung stärker ausgebildet ist. Sandra Witelson führt das zurück auf eine unterschiedliche Organisation der beiden Gehirnhälften bei Frauen und Männern, die genetisch und hormonal bedingt sei (1975). Die Überlegenheit der Mädchen in der sprachlichen Begabung soll mit der Zeit abnehmen, die männliche Überlegenheit des räumlichen Vorstellungsvermögens dagegen konstant bleiben (Witelson 1975. 344). Wie problematisch auch immer Versuche bleiben müssen, Intelligenz oder Sprachbegabung zu definieren und zu messen, beim räumlichen Vorstellungsvermögen ist es einfacher. Die Untersuchungen scheinen eindeutig zu sein. Sie haben gerade für Jägergesellschaften eine nicht zu unterschätzende Bedeutung. Der Jäger, der sich vom Lager entfernt, immer für mehrere Stunden, manchmal für mehrere Tage, ist auf seinen Orientierungssinn stärker angewiesen als jeder andere. War das bessere Orientierungsvermögen der Männer ein Grund dafür, daß sie und nicht die Frauen auf die Jagd gegangen sind? Es gibt eine erstaunliche Untersuchung über die Eskimo, von Berry (1966). Sie hat ergeben, daß es bei ihnen keine Unterschiede im Orientierungssinn von Frauen und Männern gibt, weder bei Kindern, noch bei Erwachsenen. Was lernt man daraus? Wenn die Orientierung besonders wichtig ist, wie in dieser Gesellschaft von Jägern und Sammlern, dann entwickeln auch die Frauen ihre Fähigkeiten, trotz »natürlicher« Unterschiede, die also keine entscheidende Rolle spielen können. Es bleibt letztlich der einzige natürliche Unterschied, den es auch heute noch gibt und immer geben wird. Frauen gebären die Kinder. Nicht die Männer. Es ist und bleibt die Erklärung für die Benachteiligung von Frauen in Jägergesellschaften. Schwangerschaft und Neotenie führten zur Arbeitsteilung von Frauen und Männern. Das hatte eine gewisse gesellschaftliche Ungleichheit zur Folge, die aber erträglich blieb, bis sie nach der Entstehung von Ackerbau und Viehzucht durch ein neues Hindernis verstärkt wurde.

XIV. Ackerbauern und Hirten

Im großen und ganzen verschlechterte sich die Situation der Frauen mit der Seßhaftigkeit, mit der Entstehung von Ackerbau und Viehzucht, im Übergang vom food gathering der Altsteinzeit zum food producing der Jungsteinzeit. Das geschah im 10. und 9. Jahrtausend v. Chr. in Nordafrika, Mesopotamien, Nordsyrien und Südanatolien. Gordon Childe hat es die neolithische Revolution genannt (1936). Am Ende der letzten Eiszeit ging die Vereisung in Nordeuropa zurück. Dadurch wurde das Klima im Süden trockener. Die Dürre im Sommer ließ die Wälder veröden, ihren Reichtum an Pflanzen und Tieren schwinden. Die Überflußgesellschaft der Sammler und Jäger kam in Schwierigkeiten. Es war die erste große Wirtschaftskrise der Menschen, die zur Entstehung von Landwirtschaft führte, zu Ackerbau und Kleintierzucht kombiniert mit Jagd, einer Hauswirtschaft in kleinen Siedlungen mit Töpferei und Weberei, in der im Laufe von einigen Jahrtausenden die Grundlagen geschaffen wurden für die erstaunliche Entwicklung der Produktivkräfte in den Hochkulturen Mesopotamiens und Ägyptens. Die Bevölkerung nahm schnell zu. Siedlungsbewegungen führten nach Westen, über das Mittelmeer nach Griechenland und Nordeuropa.

Schon diese frühesten Ackerbaugesellschaften müssen in Gentilgesellschaften organisiert gewesen sein. Eindrucksvoll zeigt sich das in der Struktur der in den sechziger Jahren vom englischen Archäologen James Mellaart ausgegrabenen Siedlung Catal Hüyük in Südanatolien, die aus dem frühen sechsten Jahrtausend stammt. Jeweils mehrere Wohnhäuser liegen um eine Kultstätte (Mellaart 1967. 67-77, 83-93), wahrscheinlich für die gemeinsamen Ahnen. Aus den Bestattungsgebräuchen kann man auch mit ziemlicher Sicherheit auf die Art der linearen Organisation schließen. Da die Kinder im Gegensatz zu anderen Gräbern dieser Zeit immer nur bei den Frauen oder allein begraben wurden, nicht wie sonst gemeinsam mit dem Mann des Hauses, wird in Çatal Hüyük eine Gesellschaft mit Matrilokalität und Matrilinearität gelebt haben (Narr 1968/69). Das muß aber, soviel man heute weiß, nicht die einzige früheste lineage-Organisation gewesen sein. Auch Patrilinearität war möglich, wie man schon aus den anderen Begräbnisformen jener Zeit sehen kann. Sieht man sich matrilineare und patrilineare Gesellschaften von heute an, dann muß man annehmen, daß die Situation der Frauen allgemein schlechter geworden ist im Verhältnis zu ihrem Leben vorher. Das ist jedenfalls der allgemeine Eindruck, wenn man Jägergesellschaften vergleicht mit frühen Ackerbauern oder Hirten. Sie leben zwar ebenfalls in egalitären Gesellschaften, aber die Struktur wird fester. Agnatische Verwandtschaftsgruppen sind entstanden, die als selbständige Segmente nebeneinander existieren, verbunden durch vielfältige Heiratsbeziehungen, ähnlich autonom, wie heute souveräne Staaten in der Völkergemeinschaft nebeneinander leben. Das Gleichgewicht dieser segmentären Gesellschaften erhält sich im Nebeneinander dieser Segmente und der Kombination ihrer Exogamie und der Endogamie des Stammes.

Sie leben in Dörfern, in denen es meistens eine dominierende lineage gibt, der dieses Dorf, wie sie sagen, gehört. Das lineage-System ist ständig in Bewegung. Die Segmente werden größer und teilen sich, die Älteren sterben, die Jüngeren rücken nach. Die lineage ist keine Gebietseinheit, ebensowenig wie das Dorf. Es sind Personengruppen, personell und verwandtschaftlich organisiert, nicht geographisch. Das Land spielt meistens keine große Rolle, weil genügend vorhanden ist. Nicht das Land gibt den Zugang zu den Produktionsmitteln, sondern die lineage als soziales Gebilde, mit ihrem Vorrat an Nahrung, Saatgut, Vieh, Werkzeugen und Erfahrung. Produktions- und Konsumptionseinheit ist der Hof, die »nuclear lineage«, in der Regel ein Mann mit seiner Frau und den Kindern, häufig mit seinen Eltern und Brüdern.

Eigentum verstehen sie weitgehend in den Begriffen von Verwandtschaft. Es ist Kollektiveigentum. Für Veräußerungen braucht man die Zustimmung der anderen. Wenn das Land knapp ist, dann gibt es auch Vorstellungen von Eigentum daran. Zugang zu knappem Land erhält man nur über die Verwandtschaft. Veräußerungen gibt es nicht. Wichtigstes Eigentumsproblem ist der Brautpreis, den in den meisten patrilinearen, aber auch in vielen matrilinearen Gesellschaften die lineage des Mannes der lineage der Frau regelmäßig bei der Heirat zu zahlen hat. Häufig sind es Rinder, aber auch andere wertvolle Güter oder, in einer milderen Form, Arbeitsleistungen des Mannes an die Familie seiner Frau. Meistens ist der Brautpreis so hoch, daß der junge Mann ihn allein nicht aufbringen kann. Für seine Heirat ist er also auf die Solidarität der Familie angewiesen. Umgekehrt erhält den Brautpreis nicht nur die engere Familie der Frau. Meistens wird er in ihrer lineage auf weitere Angehörige verteilt. Für den Zusammenhalt der Gesellschaften ist das außerordentlich wichtig. Er ist Ausdruck und Mittler ihrer sozialen Verflechtungen. Lange Zeit wurde das von europäischen Ethnologen als »Kaufehe« mißverstanden. Der Brautpreis ist nicht Zahlung für die Frau. Er ist ein Ausgleich für den Verlust an Arbeitskraft und Kindern, den die Familie der Frau regelmäßig erleidet. Außerdem ist er ein Mittel zum Ausgleich ökonomischer Unterschiede.

Sieht man ab von der unterschiedlichen Stellung von Frauen und Männern, dann ist es gerechtfertigt, segmentäre Gesellschaften als egalitär zu bezeichnen. Innerhalb der lineage, des Dorfes und des Stammes sind alle gleich. Es gibt Älteste der lineage, Sprecher, Dorfälteste, Schamanen, Priester. Sie haben grundsätzlich keine institutionalisierte Macht. Man schuldet ihnen Respekt. Das ist alles. Das Bewußtsein von Gleichheit ist sehr stark. Frühe Gesellschaften sind egalitär in einem sehr bewußten Sinn. Es ist eine Form von Gleichheit und Freiheit, die von unseren Vorstellungen sehr weit entfernt ist, weil es keine Herrschaft gibt. Unsere Vorstellungen von Freiheit, Gleichheit und Demokratie sind historisch gewachsen, in Opposition gegen einen mächtigen Staat und gegen die Herrschaft von Menschen über Menschen, die es in diesen Gesellschaften allenfalls in ersten Ansätzen gibt, nämlich in der Form der Herrschaft des Mannes über die Frau. Der grundsätzliche Unterschied zwischen ihnen und uns besteht in der Abwesenheit der Herrschaft von Männern über Männer und in der außerordentlich starken Einbindung des einzelnen in die Solidarität des verwandtschaftlichen Kollektivs, eine Einbindung, die viele Menschen unserer Gesellschaft als unerträgliche Einschränkung ihrer persönlichen Freiheit empfinden würden. Wenn man diese Unterschiede bedenkt, und auch nicht vergißt, daß die Frauen zum Teil stark unterdrückt werden, dann ist es gerechtfertigt, weil wir andere Worte nicht haben, ihre Lebensform als egalitär, freiheitlich und demokratisch zu bezeichnen, wie es schon Lewis Morgan getan hat und heute noch allgemein üblich ist in der englischen und amerikanischen Anthropologie. Mit demokratisch und freiheitlich ist dann gemeint die Abwesenheit von zentraler Herrschaft, mit dem Wort egalitär der Grundsatz, daß ihre gesellschaftlichen Institutionen keine politische Macht besitzen. Ein lineage-Ältester oder Dorfsprecher kann nämlich keine Befehle geben. Er ist angewiesen auf den Konsens aller Beteiligten, auch bei der Lösung von Konflikten. Sie wissen das sehr genau, und es gibt viele Mittel und Wege, die die Verweigerung der Macht garantieren (Clastres 1974). Die Lele, matrilineare Ackerbauern im westlichen Kongo, sagen von sich, sie seien sehr neidisch und duldeten keine Ungleichheit (Douglas 1963. 84). In seinem Buch über die Nuer, patrilineare Hirten im südlichen Sudan, spricht Evans-Pritchard von einem egalitären Bewußtsein, das tief demokratisch sei (1940. 181 f.).

Die Verbindung von Mann und Frau in der Familie ist enger als in Jägergesellschaften. Der gesellschaftliche Druck auf die Familie wird größer. Das hat einen äußeren Grund im Brautpreissystem, durch das die Frauen gezwungen werden, mindestens so lange bei ihrem Mann zu bleiben, bis Kinder geboren sind. Wenn sie ihn vorher verlassen, muß ihre Familie den Brautpreis zurückgeben. Nach der Geburt der Kinder ist die Freiheit zu gehen auch nicht mehr sehr groß, jedenfalls nicht für die ersten Jahre. Dahinter steht für die Frauen der gesellschaftliche Zwang, Kinder zu produzieren, die die ökonomische Weiterexistenz der Gruppe garantieren. Das gab es in Jägergesellschaften nicht. Kinder wurden sogar getötet, um zu verhindern, daß die Horden zu groß wurden. In der seßhaften Landwirtschaft wird das anders. Auch die Alten werden nicht mehr getötet, denn sie brauchen nun nicht mehr von einem Lager zum anderen zu laufen, werden statt dessen von ihren Kindern ernährt. Deshalb braucht man Nachkommen. Sie sind die künftigen Ernährer ihrer Eltern. Sie garantieren das Überleben der Siedlung. Das ist das wichtigste Problem bei Ackerbauern und Hirten: Wie kriegen wir genug Kinder? Die Ergänzung durch Fluktuation wird sehr viel schwerer, also der Druck auf die Familie stärker. Trotzdem gibt es Trennungen. Meistens verlassen die Frauen die Männer, denn sie sind es nun regelmäßig, die diesen Druck aushalten müssen und unterdrückt werden.

Auch der emotionale Zusammenhalt zwischen Eltern und Kindern wächst. Er scheint um so größer zu sein, je stärker er ökonomisch vermittelt ist, je stärker Eltern und Kinder in ihrer wirtschaftlichen Existenz aufeinander angewiesen sind, zum Beispiel in Getreide bauenden Gesellschaften mit knappem Land. So ist es bei den Tallensi, patrilinearen Ackerbauern im südlichen Obervolta an der Grenze zu Ghana. In solchen Gesellschaften sind auch die lineages sehr stark in ihrem Zusammenhalt, stärker als in anderen. Sie rechnen weiter zurück, bis zu acht Generationen, das sind einige hundert lebende Männer. Dementsprechend gibt es bei ihnen einen ausgeprägten Ahnenkult. Und die Situation der Frauen ist bei ihnen am schlechtesten. Die Frau verbeugt sich vor dem Mann. Sie kniet nieder, wenn sie ihm das Essen bringt. Der Mann führt sie vor den Schrein seiner Ahnen, wenn er den Verdacht hat, sie würde die Ehe brechen. Und regelmäßig wird dort die Wahrheit gesagt, aus Furcht vor Vergeltung durch die Seelen der Verstorbenen. Sobald am Hoftor »Männerangelegenheiten« besprochen werden, ziehen sich die Frauen zurück (Fortes 1957. 51, 55-57, 93). Sie sind das wichtigste Objekt des Wettbewerbs zwischen einzelnen Männern und ihren Familien und gelten als frivol und unbeständig. Diese Einschätzung von Frauen scheint ebenfalls ein ziemlich sicheres Indiz zu sein, daß sie stark benachteiligt und unterdrückt sind.

Patrilinearität ist regelmäßig verbunden mit Patrilokalität. Die Frau lebt getrennt von ihrer Familie bei der des Mannes. Dadurch ist sie auch rituell benachteiligt, denn mit dem Ahnenkult der Familie des Mannes hat sie nichts zu tun. Ihre Funktion ist, dort die Kinder zu produzieren, die dort gebraucht werden. Nach der Geburt wird ihr bei den Tallensi das Neugeborene erst einmal abgenommen, von einer Frau aus der Familie des Mannes. Auch die ersten Schritte, die das Kind auf den Hof führt, macht es in Begleitung einer Verwandten seines Vaters, nicht mit seiner Mutter. Hat sie ihre Aufgabe der Produktion von Produzenten und ihrer Aufzucht erfüllt und ist sie später gestorben, wird sie ihrer eigenen Familie endlich wieder zurückgegeben und bei ihr begraben (Fortes 1945. 147-149).

Besser ist die Situation von Frauen regelmäßig in Gesellschaften, die Hackbau betreiben, wie bei den matrilinearen Lele im südlichen Kongo. Sie bauen Maniok und Mais an. Zum Teil leben sie auch noch von der Jagd. Sie sind sehr viel beweglicher als die Tallensi. Die Felder, die sie im Wald roden, werden nur wenige Jahre bebaut. Es gibt keine Landknappheit. Von Zeit zu Zeit werden die Dörfer verlegt. Überhaupt ist bei ihnen dieFluktuation sehr viel stärker. Deshalb sind die lineages nicht sehr groß, ihre Festigkeit sehr viel geringer als bei den Tallensi, und es gibt keinen Ahnenkult. Bei ihnen überwiegt der Wert der Arbeit bei weitem die Bedeutung der Produktionsmittel. Das Land ist dünn besiedelt. Ein kräftiger Mann kann hingehen, wohin er will. Er ist immer willkommen, denn man weiß, was Arbeit wert ist (Douglas 1963. 32). Die Situation der Lele-Frauen ist besser, aber sie ist nicht gut. Wie in den meisten frühen Gesellschaften sind die Männer dominant. Sie allein haben die politische Autorität, die allerdings nur schwach ausgebildet ist. Sie sind die Ältesten der lineages, Sprecher des Dorfes oder Mitglieder der Kultvereinigungen, die eine ziemlich große Rolle spielen. Alles dreht sich um die Kontrolle der Männer über die Frauen. Dem entspricht die Überzeugung der Lele, daß aller Streit bei ihnen, jeder Ärger, alle Gewalt zwischen Männern, letztlich ein Streit um Frauen sei (Douglas 1963. 113, 124). Der hohe Wert heiratsfähiger Frauen bestimmt ihr soziales Leben. Ein Mann kann ohne Frau keinen sozialen Status erhalten, keine Kinder kriegen und wäre damit ausgeschlossen von den wichtigsten Kultgruppen. Die Zirkulation der Frauen wird geregelt über ein ausgedehntes Brautpreissystem, mit raffia-Tüchern, dem Kleidungsstoff der Lele, aus Palmenzweigen gewebte Basttücher, die zum Ausdruck ihrer sozialen Beziehungen geworden sind. Auch bei ihnen ist nämlich der Brautpreis so hoch, daß ein junger Mann ihn unmöglich leisten kann ohne die Hilfe seiner Verwandtschaft. Hundert Tücher als das Äquivalent für einen Sklaven, eine Blutschuld oder einen Brautpreis. Das System der Zahlungen begünstigte die Situation der alten Männer. Je älter man wurde, desto häufiger bekam man auch wieder Zahlungen für junge Frauen aus der eigenen Familie zurück. Das führte zur Vielweiberei der alten auf Kosten der jungen Männer. Die Lele erklärten sich das dadurch, daß ein Mann, der eine Frau heiratet und Kinder bekommt, auf diese Weise die Familie seiner Frau vermehrt, zu der sie – matrilinear – gehören. War es eine Tochter, dann hatte er zum Ausgleich darauf später einen Anspruch auf die Ehe mit der Tochter seiner Tochter. Die Familie seiner Frau schuldete ihm als Gegenwert die Enkelin, zur Freude im Alter (Douglas 1963. 115). Die jungen Männer mußten sich damit behelfen, daß sie für die erste Zeit sich mit mehreren gemeinsam, zu fünft, zu zehnt, eine Frau teilten und mit ihr eine Art Haushalt führten. Der Polygynie der alten Männer entsprach die Polyandrie dieser jungen Frauen, deren

Status sehr geachtet und begehrt war (Douglas 1963. 128-140).

Am besten, im Vergleich mit den Tallensi und Lele, ist die Stellung der Frauen bei den Nuer, patrilinearen Hirten im Sudan. Bei ihnen gibt es auch die wenigsten Sexualtabus. Die Mobilität ist verhältnismäßig stark, die lineages sind beträchtlich kleiner als bei den Tallensi. Es gibt keinen Ahnenkult. Die Harmonie in der Familie ist sehr groß, größer als bei den anderen, weil der egalitäre Charakter der Gesamtgesellschaft bei ihnen am stärksten ist, was nicht ohne Wirkung auf das Verhältnis von Frauen und Männern bleiben kann. Frauen haben ihre eigenen Rechte, können auch ihre Männer verlassen, sofern der Brautpreis nicht zu sehr auf ihnen lastet. Es gibt sogar manche, die ein sehr freies Leben führen, unverheiratete Mütter mit Kindern, die einige Jahre mit dem einen und dann mit einem anderen Mann oder ganz allein mit ihren Kindern leben und von Dorf zu Dorf ziehen (Evans-Pritchard 1951. 118). Bei den Tallensi oder Lele wäre das undenkbar. Letztlich dominieren auch bei ihnen die Männer. Frauen können gelegentlich eine gewisse öffentliche Rolle spielen, im Kult oder in der Magie. Aber bei weitem nicht so stark wie die Männer (Evans-Pritchard 1940. 178). Es gibt, außer einigen Leopardenfellpriestern mit Vermittlungsfunktion bei Blutfehden, keine festen Institutionen wie lineage-Älteste oder Dorfsprecher. Wenn aber einmal eine gemeinschaftliche Aktion durchgeführt wurde, Krieg gegen die Nachbarn, Widerstand gegen die Kolonialverwaltung, dann sind es immer Männer gewesen. Auch Leopardenfellpriester war immer ein Mann. Es war allerdings, über die Dominanz der Männer hinaus, eine Gesellschaft von Gleichen, eine geordnete Anarchie, an deren Gleichheit auch in hohem Maße die Frauen Anteil hatten.

Das Bild wechselt von Gesellschaft zu Gesellschaft. Es gibt viele matrilineare, in denen die Situation der Frauen schlecht ist, und patrilineare, in denen sie besser leben. Aber auch umgekehrt. Allgemein ist es schlechter geworden mit der Seßhaftigkeit, schlechter als in Jägergesellschaften. Die Erklärung dafür ist einfach. Es ist die Wichtigkeit ihres besonderen Produktes. Sie sind die Produzentinnen der Produzenten (Meillassoux 1976). Zunächst könnte man ja eigentlich meinen, ihre Situation hätte sich dadurch verbessern müssen. Aber der Schluß von der Bedeutung eines Produkts auf die seines Produzenten muß nicht immer zwingend sein. Wäre er es, dann hätte die soziale Stellung der

Arbeiter und Bauern im 19. Jahrhundert eine bessere sein müssen und müßte es die der Arbeiter von heute ebenfalls sein. Die Unterdrückung des Produzenten ist eben auch eine Möglichkeit, auf die Wichtigkeit seines Produkts zu reagieren.

Wie sich das im einzelnen abgespielt hat, weiß man nicht genau. Überall scheinen sich allgemeine Regeln entwickelt zu haben, die auf die Alternative von Matrilinearität oder Patrilinearität hinausliefen. Die Erklärung dafür? Die früheren Siedlungen standen eben vor dem Problem, für eine ausreichende Zahl von Nachkommen sorgen zu müssen. Nun gab es zunächst zwei Möglichkeiten. Entweder man versuchte es sozusagen aus eigener Kraft, verheiratete also die jungen Frauen und jungen Männer aus den eigenen Reihen. Diese endogame Lösung ist entweder nie allgemein versucht worden oder sie hat sich nicht durchgesetzt. Auch in Jägerhorden scheint die Exogamie die bevorzugte Lösung gewesen zu sein. Oder man ging eben zu einer Art Tauschverfahren über, das Heiraten nur zwischen Frauen und Männern verschiedener Familien zuließ. Das kann viele Gründe haben. Lévi-Strauss sieht darin das Prinzip menschlicher Kultur und Gesellschaft schlechthin. Das ist seine Theorie vom Frauentausch (unten Kapitel XIX). Jedenfalls waren es nicht, wie Morgan und Engels noch meinten, solche der biologischen Zuchtwahl. Das ist wohl inzwischen naturwissenschaftlich, genetisch, geklärt. Mindestens überwiegend müssen auch in den frühesten Siedlungen die Heiraten exogam gewesen sein. Damit entstand das Problem, welche Familie die Kinder erhielt, die der Frau oder die des Mannes. Aus Gründen, die noch zu klären sind, hat sich in einigen Gesellschaften die eine Lösung ergeben, in anderen die andere. Um eine gleichmäßige Verteilung der heiratsfähigen Frauen und ihrer Kinder zu sichern, mußte man jedenfalls auf allgemeine Regeln kommen, die wir heute unter dem Oberbegriff der agnatischen Verwandtschaft zusammenfassen. Es entstand entweder Matrilinearität oder Patrilinearität.

Diesen Zusammenhang zwischen agnatischer Verwandtschaft und dem Bedürfnis, eine ausreichende Zahl von Nachkommen für alle Gruppen zu sichern, hat man lange Zeit nicht erkannt. Noch bis vor kurzem wurden die Regeln von Matrilinearität und Patrilinearität anders verstanden. Man meinte, es seien Regeln dafür, wen man heiraten darf und wen nicht. Das sind sie ja letztlich auch. Innerhalb der eigenen lineage darf man nicht heiraten. Die lineage ist exogam. Insofern sind die Regeln der agnatischen Verwandtschaft auch Heiratsnormen. Aber es ist falsch, sie von daher verstehen zu wollen. Agnatische Verwandtschaft, lineage und Exogamie sind eine Einheit. Letztlich bedeuten sie dasselbe, mit verschiedener Gewichtung. Im Begriff der Exogamie liegt das Schwergewicht mehr in der Frage, wer wen heiraten darf. Beim Begriff der agnatischen Verwandtschaft steht im Vordergrund des Interesses, zu welcher lineage die Kinder gehören, die geboren werden, wenn man geheiratet hat.

Was ist der Sinn dieser Regeln? Ihr Zweck ist die Zuordnung der Kinder. Sie sind, mit anderen Worten, in erster Linie Filiationsnormen, Normen für die Verteilung von Kindern, nicht Heiratsnormen (Meillassoux 1976. 32-35). Das zeigt sich ganz deutlich an einer anderen Regel aus dem Bereich der Heiratsbeziehungen, nämlich am Brautpreis. Lange Zeit hat man geglaubt, er würde für die Heirat als solche geleistet, für die Frau. Deshalb hat man von »Kaufehe« gesprochen. Inzwischen hat man herausgefunden, daß der Brautpreis keine Heiratsnorm, sondern ebenfalls eine Filiationsnorm ist. Er wird nicht für die Frau geleistet oder für die Heirat als solche. Er wird für die Kinder gezahlt, die der Familie des Mannes von der Frau erwartet, besonders in patrilinearen Gesellschaften. »Bridewealth is childwealth«, sagen die englischen Anthropologen (Goody 1973. 11). Brautpreis ist Kinderpreis. Der Brautpreis braucht nicht zurückgezahlt zu werden, wenn die Frau den Mann verläßt, sofern sie nur Kinder geboren hat, die bei der Familie des Mannes bleiben. Oder, in der Sprache von Afrikanern: Das Vieh ist da, wo die Kinder nicht sind (Goody 1973. 13).

Matrilinearität entsteht also nicht, wie Bachofen, Morgan und Engels meinten, aus Promiskuität, weil man nicht wußte, wer der Vater war, oder weil die Frauen eine gesellschaftlich überlegene Stellung hatten. Matrilinearität und Patrilinearität sind die beiden möglichen Lösungen des großen Problems der seßhaften frühen Gesellschaften. Sie sind die beiden möglichen Antworten auf die Frage, welche Gruppe die Kinder erhalten soll. Also müssen sie zeitlich nicht hintereinander stehen. An verschiedenen Orten kann man aus verschiedenen Gründen zur gleichen Zeit unterschiedliche Lösungen gefunden haben. Das Problem existiert in Jägergesellschaften noch nicht. Es entsteht mit der Seßhaftigkeit, bei frühen Ackerbauern und Hirten. Die Wichtigkeit des Problems bedeutet zugleich einen stärkeren Druck auf die Familie als Produktionszelle der künftigen Produzenten. Und dieser stärkere Druck trifft in erhöhtem Maß die unmittelbaren Produzentinnen, die Frauen, nicht die Männer. Ihre Situation verschlechtert sich, weil ihr Produkt so wichtig geworden ist.

XV. Die Hopi

Es gibt Ausnahmen. Man kennt Gesellschaften, in denen sich die Situation der Frauen mit der Seßhaftigkeit nicht verschlechterte, sondern verbesserte. Ein Beispiel sind die Hopi.

Im Südwesten der Vereinigten Staaten, in Arizona und Neumexiko, leben die Pueblo-Indianer. Pueblo ist ein Sammelname für eine Gruppe von kleinen, zum Teil weit auseinanderliegenden Stämmen, der ihnen im 16. Jahrhundert von den aus Mexiko vordringenden Spaniern gegeben wurde, wegen ihrer eigenartigen großen Dorfanlagen. Pueblo ist spanisch, bedeutet das Dorf. Ihre Siedlungen bestehen aus ineinander verschachtelten Häusern, die terrassenförmig gestaffelt sind, meistens aus Lehmziegeln gebaut. Sie haben flache Dächer, über die früher der Einstieg erfolgte, aus Sicherheitsgründen, mit Leitern, die man einziehen konnte. Diese Siedlungsform ist viele Jahrhunderte alt. Man kann sie noch heute dort beobachten. Sie zeigt eine erstaunliche Ähnlichkeit mit der von James Mellaart in den sechziger Jahren in Südanatolien ausgegrabenen Siedlung Çatal Hüyük, die aus der frühesten Jungsteinzeit stammt. Dort wohnten ebenfalls frühe Ackerbauern, die nebenbei noch von der Jagd lebten, wie die Pueblos in ihren alten Zeiten. Wahrscheinlich waren sie, wie die Pueblos, matrilinear und matrilokal organisiert (Mellaart 1967. 74 f., 237, Narr 1968/69, 1975. 630, 611).

Die Hopi sind die westlichsten der westlichen Pueblos. Sie leben seit dem 6. Jahrhundert am kleinen Colorado in Arizona, in Siedlungen von etwa dreihundert Personen, auf einer Hochebene von durchschnittlich fast zweitausendfünfhundert Metern Höhe. Ungefähr dreieinhalbtausend Menschen. Als Francisco Coronado sie 1540 entdeckte, lebten sie schon in denselben Siedlungen, in denen sie noch heute wohnen. Die Gegend ist nämlich nicht sehr fruchtbar. Sie ist trocken. Es gibt wenig Regen. Das hat die amerikanischen Siedler davon abgehalten, sich dort niederzulassen. So blieben sie verhältnismäßig ungestört, bis in die jüngste Vergangenheit. Den Mangel an Regen gleichen sie dadurch aus, daß sie ihre Felder aus Brunnen bewässern. Am genauesten beschrieben ist die größte ihrer Siedlungen, Oraibi, die sich um die Jahrhundertwende aufgelöst hat (Titiev 1944).

Die Hopi sind Ackerbauern, wie alle Pueblos. Zur Hauptsache leben sie von Mais. Nur gelegentlich gehen sie – gemeinsam – auf Kaninchenjagd. Grundlage ihrer Gesellschaft ist die matrilineare lineage. Die Lebensgemeinschaft, die gemeinsam produziert und konsumiert, ist die extended family mit matrilokaler Residenz. Sie besteht aus einer Frau und ihrem Mann, den verheirateten Töchtern und deren Männern, den unverheirateten Töchtern und Söhnen und den Kindern der Töchter. Sie bewohnen eine Reihe aneinanderliegender Räume und können als ein Haushalt bezeichnet werden.

Diese Kombination von Matrilinearität und Matrilokalität ist für die Frauen sehr günstig. Matrilokalität bedeutet, daß die Männer in den Haushalt der Familie ihrer Frau ziehen. Die Frau bleibt in ihrer vertrauten Umgebung, in der Solidarität ihrer eigenen Familie. Das hat zur Folge, daß die Bindung an ihren Mann nicht sehr stark ist. Stärker ist die Bindung an ihre Mutter und ihre Geschwister, besonders an ihre Schwestern, mit denen sie im gleichen Haushalt lebt. Der Mann ist isoliert. Die Ehe wird, mindestens am Anfang, leicht gelöst. Wenn er seine Rolle als Erzeuger ihrer Kinder, die – matrilinear – zu ihrer Familie gehören, erfüllt hat, kann er häufig gehen. Solange er bleibt, arbeitet er für die Familie seiner Frau, auf ihren Feldern. Der Ackerbau ist, fast allein, Aufgabe der Männer. Die Frauen arbeiten im Haus, kümmern sich um die Kinder und bereiten die Mahlzeiten. Gemeinsam in kleinen Gruppen mahlen sie den Mais. Das gilt als wichtigste Aufgabe der Frauen, ein langwieriger und mühsamer Prozeß, der mit dem größten technischen Erfolg offensichtlich in dieser kollektiven Arbeit der Frauen bewältigt werden konnte (Eggan 1950. 131).

Die Arbeit des Mannes wird von der Familie der Frau oft kritisiert. Hier zeigt sich seine verhältnismäßig schwache Stellung sehr deutlich. Diese Kritik ist einer der Gründe für die häufigen Trennungen (Eggan 1950. 34). Die Scheidungsrate in Oraibi betrug 34% (Titiev 1944, 39). Alice Schlegel, die bei den Hopi gearbeitet hat, kommt zu dem Ergebnis, sie seien ein Musterfall für die günstige Stellung von Frauen, die sich daraus ergibt, daß weder ihr Ehemann noch ihr Bruder größeren Einfluß auf sie ausüben. Weder der Ehemann noch der Bruder dominieren (Schlegel 1972. 8). Der Bruder nämlich deshalb nicht, weil er, wenn er heiratet, den Haushalt verläßt und zu seiner Frau zieht.

Dort ist er, wie der Ehemann seiner Schwester, ein Fremder, verhältnismäßig isoliert. Dies, verbunden mit einer starken Solidarität der Frauen, die sich in der kollektiven Arbeit beim gemeinsamen Mahlen des Mais dokumentiert, und verbunden mit der Vorstellung, Land und Haus gehörten den Frauen, hat bei ihnen zu einer gesellschaftlichen Ordnung geführt, in der die Stellung der Frauen sehr gut gewesen ist, seit frühesten Zeiten.

Die Frage des Eigentums ist im übrigen nicht ganz geklärt. Die Berichte gehen auseinander. Das wird zum einen damit zusammenhängen, daß die Vorstellungen von Eigentum bei den Hopi und den untersuchenden amerikanischen Anthropologen nicht so nahe beieinander lagen. Zum anderen hat ein Teil der Anthropologen sich, wie so oft, für die Situation der Frauen gar nicht interessiert. Manche nehmen an, der village chief sei Eigentümer des Landes (Titiev 1944. 61 f., Gough 1961. 466). Andere sprechen vom Eigentum der Frauen (Eggan 1950. 114, Schlegel 1972. 22, 192). Von Alice Schlegel stammen die jüngsten Untersuchungen. Sie hat auf dieses Problem besonders geachtet. Also wird es richtig sein, wenn sie annimmt, die Hopi-Frauen seien die Eigentümerinnen der Häuser und der Felder.

Man kann ihre Ordnung als Matrifokalität bezeichnen. Dieser Begriff wird hier eingeführt, um eine kleine Gruppe matrilinearer Gesellschaften zu charakterisieren, die matrilokal organisiert sind. Matrifokalität bedeutet, daß Frauen in besonderer Weise im Mittelpunkt, im Fokus, der Gesellschaft stehen, nämlich nicht nur durch die Zuordnung der Kinder zu ihrer Verwandtschaft, sondern auch, und das ist entscheidend, durch die matrilokale Organisation der Siedlung. Nicht nur die Abstammung, auch die Residenz ist auf die Frauen zentriert. Matrifokalität ist die Kombination von Matrilinearität und Matrilokalität. Sie bedeutet aber nicht, daß Frauen die gleiche Rolle spielen wie Männer in patrilinearen Gesellschaften, in denen sich meistens die entsprechende Kombination von Abstammung und Residenz findet, nämlich Patrilinearität und Patrilokalität. Matrifokalität bedeutet regelmäßig noch nicht einmal ihr gesellschaftliches Übergewicht.

Man kann so etwas schwer messen. Es gibt keine festen Maßstäbe, die man mechanisch ablesen kann (Webster 1975. 154). Manches bleibt im Bereich sehr persönlicher Wertungen. Auch zu den Hopi gibt es verschiedene Meinungen (vgl. Lamphere 1977. 616). Aber unumstritten bleibt, daß die Stellung der Hopi-Frauen im

Haushalt der extended family sehr gut ist. Anders ist es auf der Ebene der ganzen Siedlung.

Da sind zunächst die Kulte. Sie können zwar an allen teilnehmen, werden aber zu denen der Männer nur beschränkt zugelassen. Es gibt Kulte, die fast ausschließlich in der Hand von Frauen sind. Allerdings sind sie nicht so wichtig wie die der Männer (Titiev 1944. 164).

Lineage-Älteste und Sprecher der Siedlung sind nur Männer. Frauen haben noch nicht einmal Einfluß auf ihre Einsetzung. Sprecher der Siedlung ist der Älteste derjenigen lineage, die dort dominiert. Regelmäßig gehört sie zum Bären-Klan. Er hat eine ziemlich starke Stellung, hohe Autorität, auch kultische Funktionen. Die Stärke der Stellung eines lineage-Ältesten in segmentären, herrschaftsfreien Gesellschaften läßt sich regelmäßig ablesen an der Art und Weise, wie er sein Amt erhält. Am schwächsten ist sie, wenn es wirklich der älteste Mann dieser lineage wird, wenn die Nachfolge sich einfach nach der Anciennität bestimmt. Er ist dann schon sehr alt, lebt nicht mehr lange. Das bedeutet verhältnismäßig kurze Dauer und häufigen Wechsel. Das Ergebnis ist regelmäßig eine schwache Stellung. Sie ist stärker, wenn er von der lineage gewählt wird. Gewählt werden meistens die fähigeren Männer, die noch nicht so alt sind. Die Zeit ihrer Tätigkeit ist länger. Das macht viel aus. Am stärksten ist die Position eines village-chief, der, wie bei den Hopi, von seinem Vorgänger benannt, besser: ernannt wird. Der Nachfolger ist verhältnismäßig jung, unabhängig von irgendwelchen Wählern, sehr lange in der Position. Bei den Hopi ist er auch von Arbeiten freigestellt. Seine Versorgung wird geleistet durch die Arbeit der übrigen Männer in der Siedlung.

Die Hopi sind eine herrschaftsfreie Gesellschaft. Ihre Siedlungen sind voneinander unabhängig. Es gibt keine Zentralinstanz, keinen Häuptling des Stammes. Die Sprecher der Siedlungen haben keine Zwangsgewalt. Sie sind angewiesen auf ihre Autorität und den guten Willen der anderen. Titiev kommt zu dem Schluß: »Whatever other talents they may possess, the Hopi do not have the gift of statecraft« (Welche anderen Talente sie immer haben mögen, die Hopi haben nicht die Gabe der Staatskunst, Titiev 1944. 68).

Auf der Ebene der Siedlung ist der Einfluß der Männer größer, nicht nur als lineage-Älteste und Sprecher der Siedlung. Ihre politische Organisation ist zum großen Teil in das kultische Ritual verlagert, in dem die Kulte der Männer eine größere Rolle spielen (Eggan 1950. 106-109). Im Haushalt der extended family ist die Stellung der Frauen besser. Das ergibt sich aus Matrilinearität, Matrilokalität, ihrer gemeinsamen Arbeit und ihrem Eigentum. Versucht man eine Gesamtbewertung, dann ergibt sich etwa ein Gleichgewicht.

Der Haushalt der extended family ist nämlich mit dem häuslichen Bereich der europäischen Familie nicht zu vergleichen. Er gehört sehr viel mehr zum öffentlichen Leben einer Hopi-Siedlung, ist nicht der nach innen gewendete Bereich der Gesellschaft, der in der europäischen Familie häufig als Domäne der – unterdrückten – Frauen angesehen wurde. Die extended family ist wichtigstes Element der lineage, der Grundlage ihrer politischen Ordnung. Das zeigt sich auch schon äußerlich in der matrilokalen Residenzregelung, die die Form der Siedlung bestimmt. Nimmt man die Kulte der Frauen hinzu, dann erscheint die Annahme eines Gleichgewichts gerechtfertigt (Schlegel 1974).

Viele amerikanische Anthropologen gehen heute zu Recht davon aus, daß Matrilokalität entsteht, wenn die Landwirtschaft auf der Arbeit der Frauen beruht (z. B. Eggan 1950. 126 ff., Gough 1961. 551 ff.). Man muß wohl ergänzen: Matrilokalität entsteht, wenn die Landwirtschaft von Arbeitskollektiven der Frauen betrieben wird. Denn dann wäre der Wechsel von Frauen besonders ungünstig, würde ihre Zusammenarbeit durch häufigen Wechsel gestört, wenn solche, die heiraten, weggehen, und andere, die Frauen ihrer Brüder, dazukommen. Dann ist es für alle Haushalte günstiger, daß die Männer zu den Frauen ziehen. Das ist die naheliegende Lösung für alle Gesellschaften, die in dieser Weise von der Landwirtschaft leben und nebenbei noch von der Jagd, die die Männer betreiben. Wenn das richtig ist, dann läßt sich die Matrilokalität der Hopi wohl richtigerweise nur dadurch erklären, daß man annimmt, die Feldarbeit sei bei ihnen ursprünglich von den Frauen geleistet worden, wahrscheinlich kollektiv. Tatsächlich hat bei ihnen die Jagd früher eine größere Rolle gespielt. Eggan meint, daß im 14. Jahrhundert ein Wandel eingetreten, die Bedeutung der Jagd und des Sammelns zurückgegangen sei (1950. 131). Die Männer hätten dann die Bewirtschaftung der Felder übernommen. Ihre Matrilokalität hätte sich erhalten, weil die Technik der Zubereitung des Mais, besonders das Mahlen, weiter kollektiv bei den Frauen verblieben sei. Diese Arbeitskollektive hätte man nicht zerstören wollen. Wahrscheinlich hat Kathleen Gough recht, die von der Hypothese ausgeht, daß Matrilokalität auch bei veränderten Bedingungen regelmäßig so lange bestehen bleibt, bis sie unpraktikabel oder sogar unmöglich wird. Das sei bei den Hopi nicht der Fall gewesen (Gough 1961. 555 f.).

Wie auch immer das historisch zu erklären ist: Die Hopi sind eine matrifokale Gesellschaft. Ihre Matrifokalität beruht auf Matrilinearität und Matrilokalität. Die starke Stellung der Frauen manifestiert sich auch darin, daß es bei ihnen kaum Gewalttätigkeiten gibt, weder von Männern gegen Männer, noch von Männern gegen Frauen (Eggan 1950. 108), und daß früher die sexuelle Freiheit ziemlich groß gewesen ist, bis die amerikanischen Behörden einschritten (Duberman u. a. 1979). Aber von einem überwiegenden Einfluß der Frauen kann man nicht sprechen. Es war etwa ein Gleichgewicht, der Normalfall der Matrifokalität.

Innerhalb dieser kleinen Gruppe matrifokaler Gesellschaften, zu denen neben den Hopi die Belu und Minangkabau in Indonesien gehören, die Timbira in Brasilien und einige andere, innerhalb dieser kleinen Gruppe gibt es nun noch eine auffallende Besonderheit. Das sind die Irokesen.

XVI. Die Irokesen

Sie waren eine Gruppe von mehreren indianischen Stämmen, die im Nordosten der Vereinigten Staaten und im Süden Kanadas lebten. Berühmt geworden sind sie in der wissenschaftlichen Literatur, weil Morgan bei ihnen die lineage-Struktur entdeckte. Über Morgan kamen sie in Engels' »Ursprung« und von dort in die sozialistische Evolutionstheorie. Aber nicht nur deswegen waren sie bekannt. Seit dem Beginn des 18. Jahrhunderts glaubte man, daß es bei ihnen ein Matriarchat gäbe. Gynaikokratie, sagte Joseph Lafitau, schon 1724.

Sie waren Ackerbauern und Jäger. Die Frauen bestellten die Felder, bauten Mais an und Bohnen und Kürbisse. Die Männer gingen auf die Jagd. In der »klassischen Zeit«, im 18. Jahrhundert, verkauften sie Felle an die Franzosen und Engländer. Es gab viel Fisch in ihrem Gebiet. Die Frauen sammelten wilde Früchte, Pilze und Beeren.

Ein Stamm bestand aus mehreren Dörfern, die weit auseinander lagen und zum Teil sehr groß waren. In ihnen standen die Langhäuser, flache Gebäude aus Holz- und Rindenmatten, bis zu fünfzig Meter lang. Mehrere Kammern lagen zu beiden Seiten eines Mittelgangs. In jeder Kammer lebte eine Familie, mit gemeinsamen Feuerstellen im Gang, in größeren Langhäusern ungefähr einhundert Menschen.

Außer den Huronen im Norden, die ein eigenes Bündnis gebildet hatten, und den Cherokee im Süden, gab es im wesentlichen die »Liga der sechs Nationen«, eine militärische Konföderation von sechs Stämmen, die im 16. Jahrhundert von den Mohawk, Oneida, Onondaga, Cayuga und Seneca gegründet worden war, denen sich am Anfang des 18. Jahrhunderts die Tuscarora anschlossen. Insgesamt fünfzehntausend Menschen. Sie lebten in einem riesigen Gebiet, das zehnmal so groß war wie die Bundesrepublik, vom Süden Kanadas bis zum nördlichen Virginia, vom Osten Tennessees bis zu den Neuengland-Staaten. Mit dem Zentrum im heutigen Staat New York.

Die Rekonstruktion ihrer Gesellschaft in der »klassischen Zeit« des 18. Jahrhunderts ist nicht ohne Probleme. Es gibt zwar eine größere Zahl von Berichten aus dieser Zeit, von denen die bekanntesten das Buch des französischen Jesuitenpaters Joseph Lafitau und die Lebenserinnerungen von Mary Jamison sind, einer weißen Amerikanerin, die als junges Mädchen 1758 von den Indianern entführt wurde und dann bis zu ihrem Tod als Frau des Seneca-Stammes gelebt hat (Seaver 1824). Aber vieles ist noch nicht richtig ausgewertet. Manches ist überdeckt durch Morgans Untersuchungen, die er erst begann, als sich das alte Leben schon stark verändert hatte. Die Liga der Irokesen hatte im Unabhängigkeitskrieg auf der Seite der Engländer gegen die Amerikaner gekämpft. 1779 wurden sie besiegt. Dann mußten sie in die Reservate ziehen. Seit 1800 gab es das Langhaus nicht mehr. Männer und Frauen erhielten neue Rollen. Die alte Ordnung, das »Matriarchat« war verschwunden. Morgan hat also schon eine andere Welt gesehen. Für manche Einzelheiten, die heute wichtig scheinen, wie für die Stellung der Frauen, hat er sich nicht besonders interessiert. So ist manches ungeklärt, trotz einer Fülle von Quellen und Literatur (Überblick bei Schumacher 1972. 30-33, 141-149). Die wirkliche Geschichte der Irokesen ist noch gar nicht geschrieben.

Grundlage ihrer gesellschaftlichen Ordnung war die ohwachira, die matrilineare lineage, und das Langhaus, ihr Stammsitz. Eine ältere Frau spielt hier die entscheidende Rolle. In der ethnologischen Literatur wird sie allgemein als »Matrone« bezeichnet, was wohl auch darauf zurückzuführen ist, daß unsere Sprache allgemein zwar sehr viele abfällige, aber nur wenige vorteilhafte Ausdrücke für die Bezeichnung der Stellung von Frauen in der Gesellschaft bereit hält, und schon gar keine, die diesen frühen Gesellschaften angemessen wäre. Diese Frau, die man auch Älteste oder Sprecherin der ohwachira nennen könnte, verkörpert in ihr die höchste Autorität und koordiniert das wirtschaftliche und soziale Leben. Wahrscheinlich – das ist nicht sicher geklärt – wurde sie gewählt, von den erwachsenen Frauen der ohwachira. Es ist das Friedensamt der lineage. Daneben gibt es ein Kriegsamt, ein – wohl ebenfalls von den Frauen gewählter – Mann, der das Leben der Männer koordiniert, für die Jagd und die kriegerischen Unternehmungen. Das war typisch für die Gesellschaft dieser Indianer, die scharfe Trennung von Frauenwelt und Männerwelt. Die Welt der Frauen war die Welt des Friedens, des Dorfes, des Langhauses, der Kinder, der Landwirtschaft. Die Männer lebten auf der Jagd, für den Handel und die Verhandlungen und im Krieg, der bei ihnen seit dem 17. Jahrhundert eine immer größere Rolle gespielt hat. Das ergab sich durch den Kontakt mit den Europäern, von denen sie Waffen erhielten und Alkohol, im Tausch gegen Felle. Mehr als einhundert Jahre waren sie gefürchtete Krieger, hatten sie viele militärische Erfolge, mit denen sie ein Gleichgewicht der Kräfte aufrechterhalten konnten zwischen Franzosen, Engländern und amerikanischen Siedlern, bis zu ihrer Niederlage 1779. Danach lebten sie, zur Bedeutungslosigkeit verurteilt, in ihren Reservaten. Bis dahin bestand ihre Gesellschaft aus zwei Klassen, die miteinander kaum zusammenkamen, nämlich aus der Klasse der Frauen, die zu Hause die Landwirtschaft betrieben und den Haushalt, und der Klasse der Männer, die auf der Jagd waren oder unterwegs zu Beratungen, zum Handeln oder im Krieg, und dabei Tausende von Kilometern zurücklegten. Männer lebten und sprachen mit Männern und Frauen mit Frauen. Auch bei den täglichen Mahlzeiten im Langhaus aßen sie in getrennten Gruppen. Die Frauen übrigens nach den Männern. Und beider Arbeit war kollektiv organisiert. Das verstärkte die Trennung.

Es gab Arbeitskollektive der Frauen. Die Frauen eines Dorfes bestellten die Felder gemeinsam. Sie arbeiteten in einer Gruppe, zuerst auf dem Feld der einen, dann auf dem der nächsten ohwachira, bis alle fertig waren. Die Frauen eines Langhauses führten den Haushalt gemeinsam. Dem entsprachen die gemeinsamen Unternehmungen der Männer auf der Jagd, beim Handel, bei den Beratungen, im Krieg. In jedem Kollektiv gab es eine durch Wahl bestimmte Frau oder einen gewählten Mann, die die Arbeit koordinierten. Eindrucksvoll beschreibt Mary Jamison das gemeinsame Leben der Frauen bei der Feldarbeit, wie sie Mais pflanzen und ernten und ihre Kinder dabei haben, ihre Gesänge, und wie sie in Reihen arbeiten und von Feld zu Feld ziehen, unter der Leitung einer älteren Frau, die im Frühjahr für die Arbeit des Jahres gewählt worden war. »Unsere Arbeit war nicht schwer«, sagt sie, und die Sorgen der Indianerfrauen seien »sicher nicht halb so zahlreich und halb so groß« gewesen wie die der Weißen, zumal sie keine »Herren« hatten, die sie beaufsichtigten oder antrieben, so daß sie in dem Tempo arbeiten konnten, das ihnen paßte (Seaver 1824, 73). Die Ernte wurde dann auf die einzelnen ohwachira verteilt. Dabei dürfte eher der Bedarf eines Haushalts entscheidend gewesen sein, nicht die Größe seines Feldes oder

der Umfang der Mitarbeit seiner Frauen (Schumacher 1972, 82). Im Langhaus wurde gemeinsam gekocht, unter Leitung der »Matrone« derjenigen ohwachira, die in diesem Haus das Übergewicht hatte. Dann wurde das Essen an die verschiedenen Familien verteilt (Brown 1975. 249).

Der Einfluß der Frauen war groß. Ihre Stärke beruhte nicht nur auf diesen Arbeitskollektiven. Die Irokesen waren matrilokal organisiert. Die jungen Frauen blieben im Langhaus ihrer ohwachira, wenn sie heirateten. Der Mann zog zu ihnen. Nach manchen Berichten ist das nicht überall einheitlich gewesen, scheint aber im 18. Jahrhundert allgemeine Regel gewesen zu sein (Quain 1937. 241, 257). Die Frauen, die im Langhaus lebten, sind also alle dort aufgewachsen, gehörten zusammen. Das verstärkte ihre Solidarität. Sie lebten mit ihren Männern in ihrer vertrauten Umgebung, an der Seite ihrer Mutter, zu der die Bindung sehr stark ist, viel stärker als zum Mann, von dem sie sich leicht trennen können, weil sie in ihrer eigenen Welt leben, in der sie danach keine Veränderung oder Unsicherheit erwartet. Die Mütter arrangierten die Ehen zwischen den jungen Frauen und Männern. Die Frauen, nicht die Männer, gaben ihren Kindern den Namen. Die Frauen verwalteten die Vorräte. Und nicht nur das.

Sie bestimmten auch in erstaunlicher Weise das politische Leben. Es ist nicht eindeutig geklärt, ob sie selbst, durch eigene Vertreterinnen, die »Matronen«, im Stammesrat vertreten waren. Manches deutet darauf hin. Anderes spricht dagegen. Mißverständnisse von Beobachtern des 18. Jahrhunderts kann man nicht ausschließen, und deshalb ist die heutige Literatur gespalten (Überblick bei Schumacher 1972. 97 f.). Im Rat der Liga haben nur Männer beraten und beschlossen. Das ist nicht ganz unbestritten. Es gibt auch Berichte über Mitgliedschaft von Frauen, die aber wohl auf Mißverständnissen beruhen. Die Sitzungen waren nämlich öffentlich. Deshalb waren auch Frauen anwesend, die aber nicht sprechen, sondern nur zuhören durften (Beauchamp 1900. 88 f.). Diese Zuhörer haben dann einige Europäer für Mitglieder des Ligarates gehalten. Waren die Frauen also nicht unmittelbar bei den Beratungen des Stammes und der Liga vertreten, so doch in sehr starker Weise mittelbar. Sie, und nicht die Männer, wählten die Vertreter für die Gremien. Im großen Rat saßen fünfzig Sachem als ständige Mitglieder. In jedem Stamm gab es mehrere ohwachira – vierzehn bei den Onondaga, acht bei den Seneca, neun bei den Mohawk und Oneida und zehn bei den Cayuga, macht zusammen fünfzig – in denen das Amt dieser Sachem erblich war. Sie wurden gewählt von den Frauen der ohwachira. Und sie konnten von ihnen auch jederzeit abgewählt werden. Das verschaffte den Empfehlungen, die ihnen die Frauen für die Beratung mit auf den Weg gaben, einigen Nachdruck. Und im großen Rat der Liga wurde über Wichtiges beraten, über Krieg und Frieden entschieden, über auswärtige Beziehungen, über Bündnisse, über Streitigkeiten zwischen den Stämmen. In einem sehr komplizierten Abstimmungsverfahren übrigens. In Blöcken wurden sukzessive die Stimmen abgegeben. Jede Entscheidung mußte einstimmig sein.

In einem stimmen die Berichte alle überein. Immer wieder ist betont worden, von den Berichten der Jesuiten aus dem 17. und 18. Jahrhundert über Morgans Beschreibungen (1851, 1877) bis in die Literatur von heute, daß es bei ihnen keine Herrschaft gegeben hat. Oder jedenfalls nur sehr wenig. Es gab zwar viele politische Ämter. Sie waren auch von verschiedener Wertigkeit: das Amt der »Matronen«, die Leiterinnen der Arbeitskollektive, den Stammesrat, Stammeshäuptlinge, Kriegshäuptlinge, den Rat der Liga. Aber es gab keine Herrschaftspositionen. Entscheidungen wurden getroffen durch gemeinsame Beratung, nicht durch Befehl. Die Häuptlinge hatten keine Sanktionsgewalt. Sie waren angewiesen auf ihre Überzeugungskraft, ihre Autorität, ihre Beredsamkeit.

Schon deswegen wäre es verfehlt, von einem Matriarchat zu sprechen, wenn man darunter die Herrschaft von Frauen versteht. Es gab eben keine Herrschaft. Man kann auch ihre Ordnung als Matrifokalität bezeichnen. Es war eine Matrifokalität mit einem eindeutigen Übergewicht der Frauen.

Die Irokesinnen standen zunächst im Mittelpunkt der ohwachira und des Langhauses. Damit ist nicht nur der häusliche Bereich bezeichnet, in dem Frauen häufiger autonom sind. In segmentären Gesellschaften sind Verwandtschaftsordnung und politische Ordnung identisch. Und die Frauen der ohwachira bestimmten, wer in ihr und für sie Funktionen ausübt. Über ihre – männlichen – Delegierten im Stammesrat und im großen Rat der Liga und über die Möglichkeit, sie auch wieder abzuwählen, nahmen sie außerdem erheblichen Einfluß auf die Angelegenheiten des Stammes. Das ist mehr als ein Gleichgewicht der Geschlechter. Das ist ein Übergewicht, das allerdings nicht verbunden war mit einer individuellen Schlechterstellung der Männer. Anders als in patrilinearen und patrilokalen Gesellschaften, in denen das Übergewicht der Männer auch immer individuell zu Lasten der einzelnen Frauen geht. Die Irokesen haben das vermieden durch die strenge Trennung von Frauenwelt und Männerwelt. Dadurch blieb die Selbstbestimmung der Männer erhalten. Die Frauen nehmen Einfluß auf die allgemeinen Entscheidungen, die die gesamte Gesellschaft betrafen, über Krieg und Frieden zum Beispiel. Aber der Krieg wurde dann von den Männern geführt, ohne daß die Frauen über einzelnes bestimmen konnten.

Die Matrifokalität der Irokesen war nicht Frauenherrschaft. Sie bedeutete eine starke Stellung der Frauen, die entscheidenden Einfluß nahmen auf die Gesellschaft, ohne daß dieser Einfluß sehr viel größer wäre als der der Männer. Von einer Gleichberechtigung kann man ohnehin nicht sprechen. Männer und Frauen hatten nicht gleiche Rechte. Sie hatten, in verschiedenem Umfang, verschiedene Berechtigungen in meist getrennten Bereichen der Gesellschaft. Die kollektiven Rechte der Frauen sind dabei insgesamt stärker gewesen als die der Männer. Es war ein Übergewicht, kein Gleichgewicht.

Allerdings müssen an den Berichten des 18. Jahrhunderts Abstriche gemacht werden. Sie sind zum Teil übertrieben. Aber was ist normaler als die Übertreibung von Männern aus jenem Jahrhundert, in dem die europäische Männerherrschaft noch in voller Blüte stand? In gleicher Weise haben Herodot und Diodor auf die Verhältnisse in Ägypten reagiert. Sie sahen, daß die Frauen mitbestimmten. Und sie machten daraus eine Weiberherrschaft. Insofern müssen auch einige Abstriche gemacht werden an der berühmten Schilderung des Père Lafitau, der 1724 über die Irokesen geschrieben hat:

»Nichts bestimmt mehr ihre Wirklichkeit als diese Überlegenheit (supériorité) der Frauen. Es sind die Frauen, die eigentlich den Stamm bilden, den Adel des Blutes, den Baum der Abstammung, die Folge der Generationen, die Kontinuität der Familien. Bei ihnen liegt alle wirkliche Autorität. Ihnen gehören das Land, die Felder, die Ernte. Sie sind die Seele der Ratsversammlungen, diejenigen, die über Krieg und Frieden entscheiden. Sie verwahren die Vorräte und Schätze. Ihnen werden die Gefangenen übergeben. Sie arrangieren die Ehen. Die Kinder stehen unter ihrer Gewalt und über ihr Blut wird die Erbfolge begründet. Die Männer sind im Gegensatz dazu völlig isoliert und auf sich selbst beschränkt. Ihre Kinder sind für sie Fremde. Wenn sie sterben, endet die Geschichte ihrer Familie, denn sie kann sich nur über eine Frau fortsetzen. Wenn es nur Männer in einer Familie gibt, und mögen es noch so viele sein, die noch so viele Kinder haben, dann ist sie ausgelöscht. Und auch wenn man den Männern zu Ehren aus ihrer Reihe die Häuptlinge wählte und in ihrem Rat der Alten die Angelegenheiten des Stammes behandelte, so scheint es doch, daß sie dort nur repräsentieren und letztlich das Geschäft der Frauen betreiben bei diesen Angelegenheiten, in denen es die Schicklichkeit nicht zuläßt, daß sie erscheinen und verhandeln.« (Lafitau 1724, 1. Bd., S. 72 f.).

Daß Abstriche gemacht werden müssen, sieht man schon am Ende des Berichts, der die Schicklichkeit bemüht, um zu erklären, warum die Frauen nicht auch Häuptlinge und Mitglieder der Ratsversammlungen werden können, obwohl sie allein die Herrschaft ausüben. Man versteht den Text im übrigen besser, wenn man ihn im Zusammenhang des ersten Kapitels dieses Buches sieht, in dem Lafitau die Herkunft der amerikanischen Indianer behandelt, und zwar sehr ausführlich auch gerade die der Irokesen, von denen er annimmt, sie würden von den Lykiern abstammen (Lafitau 1724, 1. Bd., S. 69-89). Er ist ein klassisch gebildeter Mann, kennt Herodots Bericht über die Matrilinearität der Lykier und Nikolaos von Damaskus und die Bemerkung des Herakleides Pontikos über ihre Gynaikokratie (S. 70). Fast einhundertfünfzig Jahre vor Bachofen, dessen »Mutterrecht« er damit zu einem großen Teil vorweggenommen hat. Es ist für ihn allerdings nur eine Erscheinung in einer Reihe von Kulturen, die er ausführlich benennt, und nicht, wie für Bachofen, eine allgemeine Kulturstufe der Menschheit. Aber es ist für ihn, wie für Bachofen, eine politische Herrschaft, eine Gynaikokratie. Dieses Wort übernimmt er von Herakleides Pontikos (»la Ginécocratie ou Empire des Femmes«, S. 77), und er verweist auch auf die Amazonen, die Francisco de Orellana 1541 am Amazonas beobachtet hatte. Für seine Theorie über die Abstammung der Irokesen von den kleinasiatischen Lykiern – die, wie die Amazonen, im Altertum durch vernichtende Kriege gezwungen worden seien, ihre Heimat zu verlassen (S. 89) – muß er nun, um die Übereinstimmung mit Herakleides Pontikos zu betonen, die Herrschaft der Frauen stärker herausstellen und die Rolle der Männer herunterspielen. Nur dann, meinte er, war es eine Herrschaft der

Frauen, wie Herakleides Pontikos sie für die Lykier genannt hatte. Deshalb bemüht er die Schicklichkeit. Sie soll erklären, warum die Männer im Amt des Häuptlings und im Rat des Stammes sitzen, und nicht die Frauen, obwohl sie angeblich die eigentliche Macht haben.

Daß Lafitau übertrieben hat, zeigt sich auch daran, daß es ganz andere Stimmen gibt, darunter eine sehr gewichtige, nämlich die von Lewis Morgan. Er schreibt in seiner »Liga der Irokesen«:

> »Der Indianer betrachtet die Frauen als ein dem Mann untergeordnetes und von ihm abhängiges Wesen, das ihm zu dienen hat, und die Frau meint das auch, sieht sich selbst in gleicher Weise, weil sie so erzogen wurde und so aufgewachsen ist« (Morgan 1851. 315).

Er berichtet weiter, daß Frauen ihre Mahlzeiten nach den Männern einnehmen und daß sie, und nicht die Männer, bei einem Ehebruch öffentlich ausgepeitscht worden seien (Morgan 1851. 319, 322). Auch wenn man bedenkt, daß Morgan fünfzig Jahre nach dem Einzug in die Reservate schreibt, mit dem sich ihre Ordnung grundlegend geändert hat, und zwar zuungunsten der Frauen, auch wenn man das bedenkt, kann man nicht annehmen, daß sich ihre Wertvorstellungen von einem Extrem in das andere gewandelt haben können. So schnell geht das nicht. Wohl aber ist eine Wandlung zu der von Morgan beschriebenen Haltung möglich, wenn vorher Männer und Frauen etwa gleich bewertet wurden und auch im gesellschaftlichen Leben etwa gleichrangig waren.

Denn die Wahrheit für das 18. Jahrhundert liegt wahrscheinlich in der Mitte zwischen Lafitau und Morgan. Wahrscheinlich ist es richtig, wenn heute überwiegend angenommen wird, die Irokesen hätten in der klassischen Zeit unterschiedliche Vorstellungen über den Wert und die Stellung von Frauen und Männern gar nicht gehabt (Schumacher 1972. 122 m. Lit.). Es gab keine Rangfolge. Beide hatten die gleiche soziale Anerkennung. Das entspricht ihrer Teilung der Welt, in eine weibliche Hälfte und in eine männliche. Das stimmt überein mit vielen Berichten aus der »klassischen« Zeit über das Verhältnis der Geschlechter zueinander, über Distanz und gegenseitige Achtung, auch in der Ehe.

George Peter Murdock hat über die Irokesen gesagt, von allen Völkern der Erde seien sie der Vorstellung vom Matriarchat am nächsten gekommen (Murdock 1934. 302). Das ist ohne Zweifel richtig. Es gibt zwar noch andere Gesellschaften, in denen die Stellung der Frauen sehr günstig gewesen ist, wie zum Beispiel bei den Hopi. Aber mit den Irokesen lassen sie sich nicht vergleichen. Bei ihnen ist der politische Einfluß der Frauen stärker. Wie kommt das? Sind sie etwa doch die ursprünglichste der seßhaften Gesellschaften? War es eine Art ursprünglichen Matriarchats, das bei den anderen verlorengegangen oder gemindert ist? Oder ist ihre Matrifokalität eine Ausnahme? Und vor allem: Wo liegen ihre Ursachen?

Es hat schon viele Antworten gegeben. Es ist gesagt worden, Ursache der starken Stellung der Irokesinnen sei ihre zentrale Rolle in der Produktion (Jenness 1960. 42). Das ist in dieser einseitigen Sicht sicher unzutreffend. Es gibt viele Gesellschaften mit einem ähnlichen Übergewicht der Produktion der Frauen, in denen sie eine sehr schlechte soziale Stellung haben. Es nützt nämlich gar nichts, daß man produziert, wenn ein anderer die Verteilungsbefugnis hat. Bei den Irokesen kommt allerdings beides zusammen. Die Irokesinnen haben auch die Verteilungsmacht über ihre Produkte gehabt. Deshalb meint Judith Brown, dies sei die Ursache für ihre Matrifokalität gewesen, die Verteilungsmacht, nicht die Produktion (Brown 1975). Sollte man nicht auch noch fragen, wie es möglich war, daß sie im Gegensatz zu vielen Gesellschaften, in denen die Frauen nur produzieren, auch die Kontrolle über die Produkte erhalten und behalten haben?

Man muß also versuchen, eine Reihe von Faktoren zu finden, die in ihrer Kombination eine ausreichende Erklärung geben können. Für Quain liegt sie im Zusammenwirken der von Jenness und Brown genannten ökonomischen Ursachen mit Matrilinearität und Matrilokalität (Qain 1961). Die beiden letzten Faktoren gehören ohne Zweifel dazu. Matrilinearität und Matrilokalität geben der Frau eine große Sicherheit in ihrer sozialen Umgebung. Sie ist zu Hause, bei ihrer Familie. Ihre Kinder gehören ihr. Das aber ist auch die Situation in anderen matrifokalen Gesellschaften, ohne Übergewicht von Frauen. Es muß also noch andere Gründe geben.

Sucht man weiter, dann trifft man auf die Arbeitskollektive der Frauen. Irene Schumacher hat in ihnen eine wichtige Ursache für die Matrifokalität der Irokesen gesehen, nicht die einzige, aber eine wichtige (Schumacher 1972. 131). Zu Recht. Die Kollektivität der Arbeit erhöht nicht nur die Produktivität, sie verstärkt auch die Solidarität der Frauen, gibt ihnen ein sehr starkes gesellschaftliches Gewicht. Aber auch das erklärt noch nicht alles. Denn es finden sich Arbeitskollektive von Fauen auch in ähnlichen matrifokalen Gesellschaften, in denen die Stellung der Frauen gut ist. Zum Beispiel bei den Hopi. Aber deren Stellung ist bei weitem nicht so günstig. Auch die Kontrolle über die Produkte liegt in diesen Gesellschaften zum Teil bei den Frauen. Die Kombination der bisher genannten Faktoren reicht also noch nicht aus. Produktion und Verteilungsmacht, Matrilinearität und Matrilokalität und Arbeitskollektive sind ohne Zweifel sehr wichtige Bedingungen, geben aber auch, wenn man sie kombiniert, noch keine ausreichende Erklärung für die Matrifokalität der Irokesen. Es muß noch etwas hinzugekommen sein, das dann den Ausschlag gegeben hat. Was war es?

Die Antwort hat Anthony Wallace gefunden (1971). Er fand sie in ihrer Geschichte. Damit ist nicht die Zeit vorher gemeint, vor dem »klassischen« 18. Jahrhundert. Die kennt man kaum. Gemeint sind die darauffolgenden Jahrzehnte. Sie sind gut bekannt. Die alte Ordnung der Irokesen änderte sich sehr schnell, als sie in den Reservaten lebten, in der ersten Hälfte des 19. Jahrhunderts. Ihre Matrifokalität verschwand. Die Männer gewannen an Einfluß. Wenn man die Ursachen dieser Veränderung kennt, kann man auch verstehen, warum es vorher anders war.

Mit der Umsiedlung in die Reservate änderte sich im Grunde äußerlich nicht viel. Sie lebten weiter in Dörfern, bauten ihren Mais an, der immer ihre wichtigste Nahrung war, und die Bohnen und Kürbisse. Die Männer gingen auch auf die Jagd, allerdings nicht mehr so weit wie früher. Ihr Gebiet war sehr viel kleiner geworden. Und es gab keinen Krieg mehr. Das war es, was sich änderte: Die Männer waren nicht mehr ständig unterwegs, in einem riesigen Gebiet, legten nicht mehr Tausende von Kilometern zurück, um zu jagen, zu handeln, zu verhandeln, zu kämpfen. Sie waren nun immer im Dorf. Wie die Frauen. Das war alles. Aber es genügte. Es veränderte die gesamte soziale Situation.

Die Frauen waren nun nicht mehr allein mit der Landwirtschaft beschäftigt. Auch die Männer bestellten die Felder. Damit verschwanden die weiblichen Arbeitskollektive. Mit der ständigen Anwesenheit der Männer änderte sich auch das Familienleben. Die Bindung zwischen Frau und Mann war im 18. Jahrhundert locker gewesen. Die Männer waren auf ihren weiten Streifzügen durch das Land häufig von jüngeren Frauen begleitet. Ihre Frauen wandten sich in der langen Zeit ihrer Abwesenheit anderen Männern zu, die währenddessen im Dorf waren. Die Verbindung von Mann und Frau war getragen von gegenseitiger Achtung, aber eher distanziert, die Ehe leicht lösbar. Es kam hinzu die Teilung ihrer Welt. Sie lebte in ihrer Frauenwelt, im Dorf. Er lebte in seiner Männerwelt, unterwegs. Die ständige Anwesenheit der Männer im Dorf führte nun, bei ihrer alten sexuellen Freiheit, zu endlosen Konflikten, Schlägereien und Totschlag. Früher bestand die Gesellschaft aus seßhaften Frauen und nomadisierenden Männern. Jetzt, mit der Seßhaftigkeit der Männer, verstärkte sich ihr Interesse an der Ehe, an »ihren« Frauen. Verstärkte sich das Besitzdenken. Die Ehen wurden fester. Für die Frauen bedeutete es, daß die alte Mutter–Tochter-Bindung abgelöst und ersetzt wurde durch die Mann–Frau-Bindung. Auch die Bindungen zu den anderen Frauen wurden lockerer, denn sie konnten nicht mehr kollektiv arbeiten. Die Männer wurden langsam die wichtigeren Arbeiter auf den Feldern. Es entstand eine Familienlandwirtschaft, in der ein Mann mit seiner Frau das eigene Feld bestellte. Dadurch zerfiel die alte Ordnung des Langhauses, die auf der Kollektivität der Arbeit der Frauen beruhte und auf der dadurch begründeten Solidarität. Etwa zwanzig Jahre nach der Einweisung in die Reservate, um 1800, verschwanden die Langhäuser. Die Matrilinearität blieb bestehen, aber die Matrifokalität war zerstört. Sie war das Ergebnis des Zusammenspiels einer Reihe von Faktoren gewesen, von Produktion und Verteilungsmacht der Frauen, Matrilinearität und Matrilokalität und der Kollektivität ihrer Arbeit. Der wichtigste Faktor aber war die Trennung von Frauenwelt und Männerwelt, die so wirksam gewesen ist, weil die Männer ständig unterwegs waren. Vereinfacht gesagt: Die Macht der Frauen war die Abwesenheit der Männer. Es war eine Ausnahmesituation. Sie wird nicht von Anfang an bestanden, sondern sich langsam bis zur »klassischen Zeit« entwickelt haben (C. Richards 1957). Es war eine Ausnahmesituation, die es in anderen Gesellschaften in dieser Form nicht gegeben hat. Man kann nicht ausschließen, daß es anderswo ähnlich war. Aber verallgemeinern läßt es sich nicht. Nur selten werden Frauen in der Geschichte eine ähnliche Stellung gehabt haben.

Vergleicht man das mit der Ordnung der Jäger, dann ist die

Verbesserung nicht zu übersehen. Normalerweise verschlechterte sich mit der Seßhaftigkeit die Situation der Frauen. Bei den Jägern waren sie leicht benachteiligt. Mit der Seßhaftigkeit verschlechtert sie sich, weil der Druck auf die Familie zunimmt. Wegen der Nachkommen. Die Schlechterstellung in Jägergesellschaften ist nicht sehr groß. Die Folgen der Arbeitsteilung sind gering, weil die Arbeit bei ihnen noch keine so große Rolle spielt. Aber immerhin, die Situation der Frauen ist schlechter als die der Männer. Nicht bei den Irokesen. Wenn man die beiden etwas genauer vergleicht, erkennt man auch, wo die eigentlichen Ursachen dafür liegen. Der Vergleich zeigt, daß es nicht Schwangerschaft und Neotenie gewesen sind. Denn die gab es auch bei den Irokesen. Es war die Familienstruktur. Es war die Struktur der Kleinfamilie, mit ihrer individuellen Arbeitsteilung zwischen einer Frau und einem Mann und dem gemeinsamen Konsum in dieser kleinen Einheit. Beides, Arbeitsteilung und Konsumeinheit, waren bei den Irokesen auf eine höhere Ebene gehoben. Die Arbeitsteilung bestand bei ihnen nicht zwischen einem Mann und einer Frau, in der Familie, sondern zwischen einer Gruppe von Frauen, die kollektiv arbeitete, und einer ebenso kollektiv arbeitenden Gruppe von Männern, in der ohwachira, im Langhaus, im Dorf. Dadurch war die Abhängigkeit der einen Frau von dem einen Mann aufgehoben und ersetzt durch die gegenseitige Abhängigkeit der beiden Gruppen. Schwangerschaft und Neotenie waren die Ursachen für die Entstehung der Familie, in der sie eine gewisse Benachteiligung der einzelnen Frau weiter bestehen ließen. Dieser Nachteil war im Langhaus vollständig beseitigt durch die Kollektivität und Solidarität, durch gemeinsame Arbeit auf den Feldern und im Haushalt, mit den Kindern um sie herum. Durch die Arbeitskollektive der Frauen und Männer bildeten sich zwei Klassen der Gesellschaft, die in etwa gleicher Stärke nebeneinander bestehen konnten, mit einem leichten Übergewicht der einen, weil die andere häufig abwesend war. Die physische Benachteiligung der Frauen spielte keine Rolle mehr. »Kein Volk kann glücklicher leben als die Indianer in Friedenszeiten«, sagte Mary Jamison ihrem Chronisten. »Ihr Leben war eine andauernde Folge von Vergnügen. Ihre Bedürfnisse waren gering. Ihre Sorgen galten nur der Gegenwart« (Seaver 1824. 100).

XVII. Familienstruktur, Natur und Kultur, Sexismus

Der Befund ist eindeutig. In frühen Gesellschaften sind Frauen regelmäßig benachteiligt. Dabei gibt es erhebliche Unterschiede und bemerkenswerte Ausnahmen. Die Benachteiligung beginnt in der frühesten Ordnung der Sammler und Jäger. Sie ist noch leicht. Mit der Seßhaftigkeit nimmt sie zu, und zwar in patrilinearen wie in matrilinearen Gesellschaften, mit großen Unterschieden im einzelnen. Es gibt Ausnahmen. In manchen Ackerbaugesellschaften hat sich die Situation für die Frauen verbessert. Bei Matrilinearität und Matrilokalität ergibt sich regelmäßig etwa ein Gleichgewicht zwischen den Geschlechtern, der Normalfall der Matrifokalität. Kommen noch andere Umstände hinzu, wie die ständige Abwesenheit der Männer bei den Irokesen, dann kann ausnahmsweise sogar ein Übergewicht der Frauen entstehen. Der Versuch, diesen Befund zu erklären, wird wohl nie ganz gelingen. Die Möglichkeiten, frühe Gesellschaften im Original zu beobachten, sind immer begrenzt gewesen. In letzter Zeit sind sie noch schlechter geworden. Außerdem stand das Problem der Situation von Frauen selten im Vordergrund des Interesses der Ethnologen. Eigene Vorurteile beeinflußten die Beobachtungen. Deshalb fehlen meistens detaillierte vertrauenswürdige Berichte zu psychologischen, kulturellen und sexuellen Fragen. Schließlich muß man mit einer Mehrheit von Ursachen rechnen, deren Verhältnis zueinander ohnehin schwer abzuschätzen ist.

Will man wissen, warum die Stellung von Frauen sich mit der Seßhaftigkeit verschlechtert hat, dann stößt man auf ein Stelldichein von Fragen und Fragezeichen. Liegt es an der segmentären Ordnung, an der Verwandtschaftsstruktur? Wie wird eine segmentäre Gesellschaft patrilinear? Warum wird sie matrilinear? Wie entsteht Matrilokalität, in der die Situation der Frauen meistens gut, und wie Patrilokalität, in der sie meistens schlecht ist? Gibt es andere Ursachen, die auch schon in Jägergesellschaften wirksam waren, sich dann im Lauf der Zeit, mit der Seßhaftigkeit, verstärkt haben? Universale Ursachen, neben Neotenie und Schwangerschaft? Kontinuität oder grundsätzlicher Wandel? Mit anderen Worten: Ist die Unterdrückung von Frauen eine allgemeine Erscheinung, die sich nur kontinuierlich verstärkt hat, oder hat es in der Entwicklung einmal eine grundlegende Veränderung gegeben? Zuerst die Frage nach der Kontinuität. Sie ist schon öfter gestellt worden. Und es hat verschiedene Antworten gegeben. Ihre Stichworte sind: Familienstruktur, Natur und Kultur, Sexismus.

Schwangerschaft und Neotenie haben in Jägergesellschaften sehr früh die Entstehung der Familie zur Folge gehabt, die aus einem Mann besteht und einer Frau und ihren Kindern. Alle anderen Ordnungen hat sie überdauert, die segmentären und die staatlichen, bis in die Gegenwart. Liegt in ihrer Struktur einer der wesentlichen Gründe?

Tatsächlich läßt sich beobachten, daß die Benachteiligung von Frauen um so größer wird, je stärker die Bindung in der Familie ist. Die Situation von Frauen ist regelmäßig um so besser, je leichter sie sich aus dieser Bindung lösen und eine neue eingehen können. Ist es eine Bindung, die die Frauen strukturell benachteiligt? Diese Meinung wird von Nancy Chodorow vertreten (1974).

Sie beruht auf einem psychoanalytischen Ansatz, den sie für universal hält, weil in allen bisher bekannten Gesellschaften ein wesentliches Element der Familienstruktur darin besteht, daß die Frauen für die Kinder sorgen. Nach der psychoanalytischen Theorie bildet sich die Persönlichkeit des Menschen in seiner frühesten Kindheit. In ihr befinden sich Mädchen und Jungen in anfänglicher Identifikation mit der Mutter, deren physischer und emotionaler Teil sie in ihrem Leib gewesen und von der sie auch in der Stillzeit noch physisch abhängig sind. Im Alter von drei Jahren beginnt die Phase der geschlechtlichen Identität. Mädchen verstehen nun, daß sie Mädchen sind, und Jungen verstehen sich als Jungen. Für die Mädchen bringt das zunächst keine Probleme. Ihre Identifizierung mit der Mutter kann bestehen bleiben. Schwierig wird es für die Jungen. Ihre Identifizierung mit der Mutter wird gebrochen. Die mit dem Vater, die nun an ihre Stelle treten müßte, ist sehr viel schwerer, denn der Vater ist sehr viel weiter entfernt, wie Alexander Mitscherlich es beschrieben hat (1963), auch schon in Jägergesellschaften. Deshalb kommen Jungen zu ihrer neuen Identität nicht so sehr über eine persönliche Identifizierung, über eine persönliche Bindung, sondern in mehr abstrakter und theoretischer Weise, und zwar besonders auch auf negativem Wege, nämlich über die Negation alles Weiblichen in sich und um sich herum. Mädchen haben es viel einfacher. Sie erlernen ihre Weiblichkeit im praktischen Leben ihrer sehr nahen persönlichen Umgebung, besonders ihrer Mutter. Sie bedeutet keine Zurückweisung und Ablehnung und beruht nicht auf theoretischen und von außen bestimmten Vorstellungen, sondern auf dem täglichen Leben ihrer eigenen Welt. Deshalb werden sie eher erwachsen, »kleine Frauen«, weil sie mit ihren Müttern schon die Arbeit der Erwachsenen leisten, während die Jungen noch lernen müssen. Das hat auch zur Folge, daß die Mädchen in dieser frühen Zeit stärker in die Gemeinschaft eingegliedert sind als die Jungen, die eher isoliert bleiben. Die Eingliederung der Mädchen wird später noch aus physischen Gründen verstärkt, die die Ego-Grenzen der Frau zum Teil aufheben (Menstruation, Koitus, Schwangerschaft, Geburt, Stillen). Also sind Frauen eher »communal«, gemeinschaftsorientiert, und Männer eher »agentic«, als Individuen handelnd, wie David Bakan es formuliert hat (1966).

Entscheidend ist die Abwertung von Frauen in der frühkindlichen Entwicklung des Jungen. Das mag zu einer gewissen Entwertung ihrer gesellschaftlichen Stellung geführt haben, auch schon in Jägergesellschaften mit ihrer Arbeitsteilung. Für die Mädchen gibt es andere Meinungen, nach denen ihre Entwicklung in der frühkindlichen Phase eher selbstquälerisch und selbsterniedrigend wäre, was den von Chodorow beschriebenen Prozeß verstärken würde (Rubin 1975. 192-198). Wahrscheinlich bedeutete beides aber nur eine Verstärkung, war nicht die eigentliche Ursache der Benachteiligung von Frauen. Ebenso in seßhaften Gesellschaften, matrilinearen und patrilinearen. Bei Matrifokalität wurde die Abwertung überlagert durch die anderen Umstände, die insgesamt die Situation der Frauen so verbesserten, daß sie nicht wirksam werden konnte.

Die Schlechterstellung von Frauen verbindet sich regelmäßig mit allgemeinen Wertvorstellungen, nach denen ihnen ein geringerer Rang zukommt als den Männern. Bis in die Gegenwart sind sie das »zweite« oder »andere« Geschlecht gewesen. Sind auch das universale Denkkategorien, die möglicherweise die Ursache waren für ihre Benachteiligung? Das ist die Meinung Sherry Ortners (1974). Sie geht von der Feststellung aus, die Schlechterstellung von Frauen sei eine universale Tatsache, in allen Gesellschaften zu beobachten. Das müsse sehr allgemeine und tiefliegende Ursachen haben, die sie in grundlegenden Strukturen menschlichen Denkens sieht. Wenn Frauen in allen Gesellschaften geringer bewertet werden, müsse das damit zusammenhängen, daß sie ständig mit etwas identifiziert werden, das jede Gesellschaft als geringwertig ansieht. Was ist es? Es kann nur eine sehr allgemeine Kategorie sein, sozusagen der Gegensatz von Gesellschaft. Gemeint ist die Natur. Gemeint ist der Gegensatz von Natur und Kultur, wie er von Claude Lévi-Strauss als Element menschlicher Denkstruktur beschrieben worden ist (Lévi-Strauss 1949, 1967. XVII). Kultur hat dabei nicht den weihevollen Klang, der in der deutschen Sprache häufig mitschwingt, bedeutet nicht nur die geistigen und künstlerischen Lebensformen einer Gesellschaft, sondern die Gesamtheit der gesellschaftlichen Ordnung, so, wie das englische Wort culture eher mit Gesellschaft als mit Kultur zu übersetzen ist. Lévi-Strauss hat früher auch von société und nature gesprochen, erst später bezeichnete er es als Gegensatz von nature und culture.

Er hat diese Denkkategorie allerdings nicht verbunden mit dem Gegensatz von Weiblichem und Männlichem, nur gemeint, sie sei schon immer verbunden gewesen mit der Unterscheidung von häuslicher und öffentlicher Sphäre, die Natur nämlich mit der häuslichen und die Kultur mit der öffentlichen Sphäre der Gesellschaft (Lévi-Strauss 1967. XVII). Sherry Ortner glaubt nun, man könne in allen Gesellschaften auch feststellen, daß Frauen eher mit der Natur und Männer mit der Kultur identifiziert werden. Das sei die entscheidende Ursache für ihre universale Benachteiligung, die man durch Beseitigung entsprechender Vorstellungen aufheben müsse.

Es sind Beobachtungen, die auch schon Bachofen bei seinen Mytheninterpretationen gemacht hat. Er sprach von Weiblich-Stofflichem und Männlich-Geistigem. Es sind Vorstellungen, die ohne Zweifel auch heute noch durch die Köpfe geistern, wie Simone de Beauvoir gezeigt hat an der Physiologie der Frau, die mehr zur unbeherrschten Natur zu gehören scheint als zur beherrschten Kultur (1949). Ob es sich allerdings um eine universale Denkkategorie handelt, die sich auch in allen frühen Gesellschaften findet, das erscheint mehr als fraglich. Um das nachzuweisen, muß man die Vorstellungswelt solcher Gesellschaften schon stark strapazieren, ganz abgesehen von der grundsätzlichen Problematik des Strukturalismus bei Lévi-Strauss, der auf der Überzeugung beruht, zu allen Zeiten hätte es unveränderliche

Denkstrukturen der Menschen gegeben, die sich im Laufe der Geschichte nicht geändert haben – und sich auch in Zukunft nicht ändern könnten, was Sherry Ortner ja auch nicht meint.

Wie stark man die Vorstellungswelt früher Gesellschaften strapazieren müßte, soll ein Beispiel zeigen. Beim Molimo-Fest der Mbuti-Jäger am Kongo gibt es den Brauch, daß eine ältere Frau versucht, das von den jungen Männern entzündete und verteidigte Feuer zu zerstören (Turnbull 1965. 263). Um zu der Feststellung zu kommen, auch die Mbuti hätten die universale Kategorie Natur–Kultur verbunden mit dem Gegensatz von Mann und Frau, muß man annehmen, die ältere Frau symbolisiere für sie die Natur und das Feuer die männliche Kultur. Unmöglich ist das nicht. Aber sicher sein kann man ebensowenig. Es kommt hinzu, daß in anderen Gesellschaften teilweise andere Vorstellungen zu existieren scheinen. Von den Sirionó in Brasilien wird berichtet, in ihrem Denken gäbe es den Gegensatz von »Natur, das Rohe, Männlichkeit« einerseits und »Kultur, das Gekochte, Weiblichkeit« andererseits (Ingham 1971. 1098, dazu Ortner 1974, 86). Das würde übereinstimmen mit der Annahme von Lévi-Strauss, daß der Übergang von der Natur zur Kultur allgemein in Zusammenhang gebracht werde mit dem Übergang vom Rohen zum Gekochten (Lévi-Strauss 1964). Aber hier, beim Kochen, das in der Tat einen entscheidenden Fortschritt brachte in der menschlichen Entwicklung, ist nun gerade die Rolle der Frauen unumstritten. Und das Kochen hängt unmittelbar zusammen mit dem Gebrauch des Feuers. Ergebnis: Es gibt zu viele Widersprüche. Außerdem muß man doch wohl annehmen, daß solche Vorstellungen eher die Folge und nicht die Ursache der Schlechterstellung von Frauen sind, auch in frühen Gesellschaften, für die es eindrucksvolle Beschreibungen davon gibt, wie ihre Sprache und ihre Vorstellungswelt geprägt sind von ihrer gesellschaftlichen und ökonomischen Wirklichkeit (Evans-Pritchard 1940. 19, 41-46, 103-105).

Letzte Möglichkeit einer universalen Erklärung der Benachteiligung von Frauen: War es der Sexismus der Männer? Sind sie von Anfang an durch die aggressive Sexualität der Männer in die Defensive gekommen? Begann die Unterdrückung von Frauen im Intimverhältnis? Ist der Koitus auch historisch ein Modellfall für Herrschaftspolitik? Seit einiger Zeit gibt es Überlegungen in der feministischen Literatur, die in diese Richtungen gehen (Millett

1970, Firestone 1970, sehr vorsichtig auch Janssen-Jurreit 1976). Ausgeschlossen ist es nicht, daß hier, in sexistischen Motiven, eine der entscheidenden Ursachen für die Entstehung von Herrschaft liegt, nicht nur für die von Männern über Frauen, sondern auch für die bisher noch nicht ausreichend erklärte Entstehung der Herrschaft von Männern über Männer.

Es gibt viele Formen der sexuellen Unterdrückung von Frauen in frühen Gesellschaften (eingehend Janssen-Jurreit 1976. 149-173). Dazu gehört die Verfügung des Mannes über die Sexualität der Frau, nicht nur für den eigenen Gebrauch, auch für fremden. Schon in einigen Jägergesellschaften tauschen Männer miteinander ihre Frauen oder überlassen sie – aus »Gastfreundschaft« – einem Fremden. Das findet sich bei australischen Ureinwohnern und bei den Eskimo. Die Frau spielt dabei eine passive Rolle. Über sie wird verfügt. Geht sie von sich aus, ohne Einwilligung des Mannes, eine Beziehung mit einem anderen ein, kann das bei den Eskimo zu blutigen Rivalitäten der Männer führen. Andere Unterdrückungsformen sind Vergewaltigungen, die häufiger zu beobachten sind, und die Polygamie der Männer, die oft, wenn auch nicht immer, repressiven Charakter hat. Die einseitige Bestrafung des Ehebruches der Frau gehört in diese Reihe und vieles andere mehr.

Hat es biologische oder gesellschaftliche Ursachen? Selbstverständlich spielen auch biologische Faktoren eine Rolle, wie die permanente sexuelle Aktivität des menschlichen Mannes, die andere Primaten nicht kennen. Eine biologische Theorie würde aber schon daran scheitern, daß es eine universale sexuelle Unterdrückung von Frauen nicht gibt. Frauen in Jägergesellschaften scheinen im allgemeinen davon frei zu sein. Die Australier und Eskimo sind Ausnahmen. Im übrigen gibt es große Unterschiede im einzelnen. Es gibt keinen biologisch bedingten Sexismus, ebensowenig wie es einen biologisch bedingten Kapitalismus gibt. Die sexuelle Ausbeutung der Frauen ist eine Frage der gesellschaften Ordnung. Sie entschied, ob sexistische Motive von Männern entstehen und sich durchsetzen konnten oder nicht.

Man wird also wieder zurückverwiesen auf die allgemeinen Ordnungsstrukturen früher Gesellschaften. Gab es in ihnen Ansatzpunkte? Da sich die Situation der Frauen entscheidend in seßhaften Gesellschaften verschlechtert hat, muß man dort weitersuchen, von einem grundsätzlichen Wandel ausgehen, nicht von Kontinuität. Matrilinearität ist dabei das günstigere Untersuchungsfeld, denn in ihr finden sich Gesellschaften mit sehr guter, aber auch solche mit sehr schlechter Situation der Frauen. Und hier kann man auch noch erstaunliche Entdeckungen machen.

XVIII. Einige Rekonstruktionen zur Geschichte der Matrilinearität

Mehrere hundert frühe oder »primitive« Gesellschaften sind heute bekannt. Im Ethnographischen Atlas von Murdock sind es 862, darunter allerdings auch einige historische, wie die alten Griechen oder Ägypter (Murdock 1967). Viele haben keine lineage-Struktur, so die meisten Jägergesellschaften, das sind über einhundert, und solche ehemaligen segmentären Gesellschaften, in denen sie durch die lange Existenz staatlicher Zentralinstanzen beseitigt worden ist. Von den lineage-Gesellschaften, es sind drei- bis vierhundert, ist die Mehrzahl patrilinear. Dann gibt es noch Mischformen, Übergangsformen. Schließlich bleiben ungefähr einhundert matrilineare Gesellschaften, in Nord- und Südamerika, in Afrika, in Asien, in der Südsee.

Ihr Studium begann vor dreißig Jahren, mit Überlegungen George Peter Murdocks und einem Aufsatz von Audrey Richards über die große Bedeutung der Residenzfrage, vereinfacht gesprochen von Matrilokalität und Patrilokalität (Murdock 1949. 201-226, Richards 1950). Zehn Jahre später erschienen die grundlegenden Untersuchungen in dem von David Schneider und Kathleen Gough herausgegebenen Sammelband (Schneider, Gough 1960). In den siebziger Jahren wurden sie ergänzt durch einige sehr aufschlußreiche Einzeluntersuchungen, die nun endlich sich auch intensiv mit der Situation der Frauen beschäftigten (Schlegel 1972, Sanday 1974, Sacks 1975).

Im Gegensatz zu patrilinearen Gesellschaften gibt es bei den matrilinearen eine komplizierte Vielfalt verschiedener Organisationsformen. Audrey Richards nannte sie the matrilineal puzzle, das sich ergibt aus der Kombination von Matrilinearität und den verschiedenen Formen der Patrilokalität. Von ihnen ist die häufigste die sogenannte Avunkulokalität: Eine Frau wohnt mit ihrem Mann im Dorf seines Onkels. Der Onkel nämlich, der Bruder seiner Mutter, ist der männliche Repräsentant ihrer lineage, zu der sein Neffe – matrilinear – gehört. Die lineage hat ihren Stammsitz in einem Dorf, in dem dieser Onkel lebt. Für die Frauen bedeutet Avunkulokalität, daß grundsätzlich drei Dörfer in ihrem Leben eine Rolle spielen. Einmal das, in dem sie geboren werden. Es ist das Dorf des Onkels ihres Vaters, in dem er mit ihrer Mutter lebt. Dann das Dorf, in dem sie mit dem Mann leben, den sie heiraten. Und schließlich das Dorf ihrer lineage, in dem sie nie gelebt haben, in das aber ihre Söhne ziehen werden, wenn sie erwachsen sind. Dort lebt ihr Bruder, dessen Erben ihre Söhne werden. Seine Söhne gehören zur lineage ihrer Mutter, zur lineage seiner Frau, sind nicht seine Erben, müssen ebenfalls umziehen. Das ist das berühmte Problem »the mother's brother«, dessen emotionale Schwierigkeiten – bei den Trobriandern in Neuguinea – Malinowski so eindrucksvoll beschreiben konnte, wenn er auch in den Fakten nicht ganz korrekt gewesen ist (Malinowski 1926. 100-111, vgl. Powell 1960. 130). Derart komplizierte Regelungen, die ein normaler Europäer ohnehin kaum versteht, können nicht ursprünglich sein. Sie haben sich historisch entwickelt.

Wo liegt der Ursprung? Es gibt eigentlich nur eine Lösung. Matrilineare Gesellschaften müssen bei ihrer Entstehung matrilokal gewesen sein. Alles andere am Anfang wäre viel zu kompliziert. Das kann kein Mensch erfinden. Es muß sich entwickelt haben. Sind matrilineare Gesellschaften zu Beginn matrilokal, dann ist das auch die Erklärung für die Entstehung von Matrilinearität. Sie entwickelt sich aus Matrilokalität. Mit anderen Worten: Wenn Männer – matrilokal – regelmäßig in das Dorf ihrer Frauen zogen, dann entstand daraus die Regel, daß die Kinder – matrilinear – zu diesem Dorf, zur Verwandtschaft der Frau gehören, ganz einfach deshalb, weil sie dort aufwuchsen. Matrilinearität entsteht aus Matrilokalität (Murdock 1949. 207-210, Gough 1960. 552-554, Aberle 1961. 660).

Es läßt sich sogar noch eine zweite Frage klären, und zwar die nach dem Ursprung von Matrilokalität. Matrilineare Gesellschaften finden sich nämlich besonders häufig in Gegenden, in denen wegen der Beschaffenheit des Bodens eine bestimmte Form von Landwirtschaft betrieben wird, der Garten- oder Hackbau ohne Pflug. In Afrika gibt es eine derartige Zone, die quer über den ganzen Kontinent läuft, von Zaire bis Tansania. Hier findet sich fast nur Matrilinearität. Von den Ethnologen wird sie als matrilinearer Gürtel bezeichnet. Patrilineare Gesellschaften sind regelmäßig reicher, leben überwiegend von Getreidebau oder sind Viehzüchter. In matrilinearen Gartenbaugesellschaften ist der Anteil der Matrilokalität besonders hoch. Also wird Matrilokalität und mit ihr Matrilinearität entstanden sein auf der Grundlage von Garten- oder Hackbau ohne Pflug (Aberle 1961. 622-670, Douglas 1969. 121).

Warum? Weil diese Arbeit hauptsächlich von Frauen geleistet wird, sagt Aberle (1961. 670). Man muß wohl ergänzen: in besonderer Weise, nämlich kollektiv. Erst dann wird verständlich, warum die Männer zu den Frauen ziehen. Jedes Arbeitskollektiv scheut häufigen Wechsel, den Weggang oder Zugang, der mit Patrilokalität für die Frauen notwendig würde. Gibt es starke Arbeitskollektive der Frauen, die für die Produktion wichtiger sind als die Männer, dann ist es die normale Folge, daß die Männer in das Dorf ihrer Frauen kommen. Es gibt keinen zuverlässigen Beweis dafür, daß es sie am Anfang der Matrilinearität regelmäßig gegeben hat. Aber die Zahlen sprechen dafür. Von den über einhundert Gesellschaften gibt es einigermaßen zuverlässige Daten zu weiblichen Arbeitskollektiven nur für dreißig. In elf von ihnen gab es keine. In neunzehn Gesellschaften finden sie sich. Von diesen neunzehn sind neun matrilokal, fünf avunkulokal, vier patrilokal, für eine gibt es keine feste Regel (Schlegel 1972. 192 f.). Avunkulokalität hat sich aus Matrilokalität entwickelt. Die überwiegende Zahl der Gesellschaften, in denen es Arbeitskollektive von Frauen gibt, ist also letztlich matrilokal. Der Zusammenhang liegt auf der Hand.

Matrilinearität entsteht also regelmäßig in Hackbaugesellschaften ohne Pflug. Dieser Hackbau wird von Frauen betrieben, und zwar kollektiv. Die kollektive Arbeit der Frauen ist die Ursache von Matrilokalität. Matrilokalität hat zur Folge Matrilinearität. Das ist die regelmäßige Ursachenkette: Hackbau, weibliche Arbeitskollektive, Matrilokalität, Matrilinearität. Es gibt auch andere, zum Beispiel eine Gruppe seßhafter Indianer im Westen Kanadas, die an Flüssen leben und dort Fischfang betreiben, bei dem die Frauen früher eine dominierende Rolle gespielt haben müssen (Aberle 1961, 669). Sie waren Ausnahmen.

Die Vielfalt von Residenzregelungen in matrilinearen Gesellschaften, das matrilineare Puzzle, erklärt sich aus späteren Veränderungen, ist historisch zu lösen. Wenn sich die Bedingungen änderten, wenn man vom Hackbau zu anderen Formen der Landwirtschaft übergeht, wenn sich die Arbeitskollektive der Frauen auflösen, kann Matrilokalität sich verändern, kann zum Beispiel Avunkulokalität entstehen, ohne daß die Matrilinearität beseitigt wird. Es gibt Fälle, in denen beim Übergang zu Patrilokalität sich auch die Matrilinearität verändert, in Mischformen übergeht oder sogar zu Patrilinearität. Aber matrilineare Gesellschaften können unter Bedingungen weiterleben, die sich von denen sehr unterscheiden, die zu ihrer Entstehung geführt haben. Sie sind sehr flexibel (Aberle 1961. 660).

Am Anfang der Matrilinearität stehen weibliche Arbeitskollektive und Matrilokalität. Das ist ein historisch wichtiges Ergebnis. Denn dies ist die Kombination der Matrifokalität. Das zeigen nicht nur die Irokesen und die Hopi. Das ergibt sich auch aus anderen vergleichenden Untersuchungen der letzten Zeit (Schlegel 1972, Sanday 1974, Sacks 1975).

Karen Sacks zeigt, daß die soziale Situation von Frauen dann am besten ist, wenn sie in kollektiven Gruppen arbeiten, die über die häusliche Einheit hinausgehen (Sacks 1975. 220, 228). Auch für Peggy Sanday gibt es einen starken Zusammenhang zwischen solidarischen Arbeitskollektiven, politischer Teilhabe und Kontrolle der Produktion durch Frauen (Sanday 1974. 193). Die Unabhängigkeit von Frauen ist nach den statistischen Untersuchungen von Alice Schlegel dann am größten, wenn die Autorität ihres Bruders und ihres Mannes gleich groß sind und sich gegenseitig aufheben, mit anderen Worten: wo es – fast – keine männliche Autorität gibt. Diese Situation findet sich in etwa der Hälfte der matrilokalen Gesellschaften (Schlegel 1972. 71, 82), wahrscheinlich sind es vorwiegend diejenigen, in denen es Arbeitskollektive gibt. Ihre Daten geben darüber keine Auskunft. Zum Teil sind die Verhältnisse in heutigen matrilokalen Gesellschaften deshalb ungünstiger, weil die Matrilokalität nur schwach ausgebildet ist. Oft ist es nur noch so, daß der Mann »einen Schritt über die Straße macht« (Murdock 1949. 214).

Matrilokalität und kollektive Arbeit von Frauen sind die beiden Tragebalken im schützenden Dach der Matrifokalität, und zwar auf beiden Seiten, historisch und funktional. Auf der einen stehen die funktionalen Untersuchungen von Schlegel, Sanday und Sacks, auf der anderen die historische Rekonstruktion auf der Grundlage der Arbeiten von Murdock, Gough und Aberle. Schiebt man sie zusammen, dann erst ergibt sich im matrilinearen Puzzle das vollständige Bild: Am historischen Beginn matrilinearer Gesellschaften steht regelmäßig die Matrifokalität. Es gibt also doch eine Entwicklungsstufe, in der sich Frauengesellschaften finden.

Das ist eine gewisse Bestätigung der Theorie Johann Jakob Bachofens. Allerdings mit wesentlichen Einschränkungen. Es sind drei. Erstens findet sich Matrifokalität nicht auf der historisch frühesten Stufe, sondern erst auf der zweiten, der Seßhaftigkeit. Ihr ist in den Jägergesellschaften die sehr lange Zeit einer leichten Benachteiligung von Frauen vorausgegangen. Zweitens ist es keine allgemeine Erscheinung, notwendigerweise überall verbreitet, wie Bachofen es angenommen hat. In der frühen seßhaften Landwirtschaft gibt es ein Nebeneinander von matrifokalen Frauengesellschaften und patrilinearen Männergesellschaften. Drittens bedeutet Matrifokalität nicht ein gesellschaftliches Übergewicht der Frauen. Das hat es nur in Ausnahmefällen gegeben, wie bei den Irokesen. Von Herrschaft kann man in keinem Fall sprechen. Ein Matriarchat hat es nicht gegeben. Modellfall einer frühen matrilinearen Gesellschaft mit Matrifokalität sind etwa die Hopi. Die Frauen haben ein großes gesellschaftliches Gewicht. Sie herrschen nicht. Es ist eine Situation, die mit der Bezeichnung als Gleichberechtigung nur unvollkommen beschrieben ist. Es ist ein Gleichgewicht, kein Übergewicht, keine Herrschaft.

Sie ist ziemlich weit verbreitet gewesen. Es hat sie überall dort gegeben, wo heute noch – über hundert – matrilineare Gesellschaften existieren. Hinzu kommt eine größere Zahl anderer lineage-Gesellschaften, die heute in anderer Form existieren, mit Mischsystemen oder patrilinear, die vorher matrilinear organisiert waren. Man weiß, daß solche Umwandlungen möglich sind. Schließlich eine sicher nicht unbeträchtliche Zahl frühantiker Gesellschaften, von denen nur die wenigsten bekannt sind: Lykien, möglicherweise das früheste Ägypten, das frühminoische Kreta, wahrscheinlich auch Çatal Hüyük, die älteste bekannte Siedlung in diesem Bereich. Ihr Ausgräber, James Mellaart, deutet nicht nur an, daß sie matrilinear und matrilokal organisiert war, sondern auch, daß es in ihr eine »soziale Überlegenheit der Frauen« gegeben habe (Mellaart 1967. 74 f., 237, vgl. Narr 1968/69).

Mit der Seßhaftigkeit hat sich die Situation der Frauen also in zwei Richtungen entwickelt. Bei Patrilinearität verstärkt sich die Benachteiligung, die es in Jägergesellschaften schon gab, außerordentlich. Bei Matrilinearität wird sie überlagert, beseitigt, entwickelt sie sich zur Matrifokalität, um sich dann später, bei Umwandlung der Matrilokalität, in gleicher Weise zu verschlechtern wie bei Patrilinearität.

Aus welchen Gründen? Einen Teil der Antwort geben die vergleichenden Untersuchungen von Schlegel, Sanday und Sacks. Die von Sanday und Sacks betonen die große Bedeutung der Existenz weiblicher Arbeitskollektive. Nicht die Entstehung des Privateigentums, sondern die der Privatarbeit, so modifiziert Karen Sacks die Thesen von Morgan und Engels, seien der Grund gewesen für die entscheidende Verschlechterung in der Situation der Frauen (Sacks 1975). Die Grundlage ihrer Untersuchung ist sehr schmal. Es sind nur vier afrikanische Gesellschaften. Das Ergebnis stimmt aber überein mit statistischen Vergleichen, die Peggy Sanday immerhin schon mit zwölf matrilinearen Gesellschaften vorgenommen hat (Sanday 1974). Der Zerfall der solidarischen Gruppen der Frauen führt dazu, daß die Benachteiligungen, denen sie schon in Jägergesellschaften ausgesetzt waren, wieder aufleben. Zumal dieser Zerfall regelmäßig begleitet gewesen sein wird von der Veränderung der Matrilokalität.

Matrilokalität wird von Alice Schlegel als das entscheidende Moment angesehen, wenn mit ihr, wie es meistens geschieht, verbunden ist eine Balance zwischen der Autorität des Mannes und des Bruders einer Frau (Schlegel 1972). Eine sicher richtige Beobachtung, gestützt auf Daten von 66 matrilinearen Gesellschaften, die aber letztlich nur die Folgen beschreibt von historischen Vorgängen, die sie nicht genügend analysiert, häufig der Nachteil rein statistischer Untersuchungen.

Man hat bisher immer angenommen, daß die gesellschaftliche Situation von Frauen um so besser sei, je höher ihr Anteil an der Produktion ist. Das ist nur zum Teil richtig. Ihre Stellung verbessert sich zwar, wenn ihre Beteiligung an der Produktion zunimmt, aber nur solange, bis dieser Anteil die angemessene Höhe von ungefähr fünfzig Prozent erreicht hat. Statistische Vergleiche zeigen, daß ihr Status sich bei einem höheren Anteil an der Produktion schnell wieder verschlechtert, weil das regelmäßig damit verbunden ist, daß die Männer die Arbeit der Frauen ausbeuten und sich auf die Kontrolle der Produktion und der Produkte konzentrieren (Sanday 1974. 199). Es kommt eben nicht nur darauf an zu produzieren, man muß auch die Kontrolle darüber behalten. Einen ungebrochenen Zusammenhang gibt es nur zwischen dem Anteil der Frauen an der Produktion und dem

Anteil weiblicher Gottheiten in einer Gesellschaft, keinen zwischen der Zahl weiblicher Gottheiten und der gesellschaftlichen Stellung der Frauen (Sanday 1974. 193, 204). Mit anderen Worten: Aus der Existenz einer großen Zahl weiblicher Gottheiten kann man zwar darauf schließen, daß die Frauen viel arbeiten, aber nicht darauf, daß sie in einer günstigen sozialen Situation leben.

Zurück zur Ausgangsfrage. Warum ist in den meisten matrilinearen Gesellschaften die Matrifokalität nicht erhalten geblieben? Die erste, sehr allgemeine Antwort lautet: Weil sich die ökonomischen Bedingungen so verändert haben, daß sich die Arbeitskollektive der Frauen auflösen und die Matrilokalität verändert, daß also die Frauen, wenn sie heiraten, ihr Dorf verlassen und in das ihres Mannes ziehen oder in das Dorf seines Onkels oder ein anderes. Welche ökonomischen Bedingungen? Es kann viele Ursachen haben, natürliche Verbesserungen oder Verschlechterungen der Produktionsbedingungen, die Einführung neuer Techniken, Veränderungen im Anbau oder Verschiebungen im Verhältnis von Ackerbau und Viehwirtschaft. Äußere Einflüsse können eine Rolle spielen, kriegerische Auseinandersetzungen, Wanderungen.

Die Matrilinearität bleibt dabei meistens erhalten. Manchmal bilden sich Mischformen, Kombinationen von Matrilinearität und Patrilinearität. Manchmal entwickelt sich auch Patrilinearität, wenn matrilineare Gesellschaften patrilokal werden. Das scheint aber die Ausnahme zu sein (Murdock 1949. 212 f.). Es gibt keine allgemeine Regel, wie Morgan und Engels meinten, daß Matrilinearität sich in Patrilinearität verwandelt. Sie haben übersehen, wie flexibel Matrilinearität auf Veränderungen reagieren kann.

Die Beseitigung der Matrilokalität bedeutet allein schon eine große Verschlechterung für die Frauen, denn sie leben nun nicht mehr in ihrer vertrauten Umgebung, mit ihren Verwandten, sondern in einer fremden. Matrilokalität ist ein Vorteil für die Frau und ein Nachteil für den Mann. Bei Patrilokalität ist es umgekehrt. Patrilokalität hat es aber auch schon in Jägergesellschaften gegeben und die Stellung der Frauen dort war bei weitem nicht so schlecht. Das allein kann es also nicht sein.

Es ist auch nicht das Privateigentum, mit dem sich die entscheidende Verschlechterung erklärt. Das war Morgans Meinung, der

Engels zustimmte. Privateigentum gibt es in lineage-Gesellschaften kaum. Eine große Zahl von Gesellschaften, in denen die Situation der Frauen sehr schlecht ist, kennt es überhaupt nicht, unabhängig von Matrilinearität oder Patrilinearität. Deshalb meint Karen Sacks, es sei die private Arbeit gewesen, die den Umschlag bewirkte (Sacks 1975). Das reicht zur Erklärung nicht aus. Private Arbeit bedeutet, daß Frauen nicht mehr kollektiv arbeiten können. Sie tun das auch in Jägergesellschaften nur selten. Trotzdem ist ihre Situation dort sehr viel besser als in seßhaften Gesellschaften mit Patrilokalität. Es muß also noch etwas anderes sein. Es muß etwas sein, das es in Jägergesellschaften nicht gibt, das mit der Auflösung von Matrilokalität entsteht und sich auch in patrilinearen Gesellschaften findet, denn dort ist ihre Stellung regelmäßig genauso schlecht. Ein Hebel ist es gewesen, der anfänglich durchaus eine sinnvolle Funktion hatte. Es war der Brautpreis.

XIX. Brautpreis und Frauentausch

1905 war im Großen Konversationslexikon von Meyer zu lesen, unter dem Stichwort »Frauenkauf«, er sei »die den Anschauungen fortgeschrittener Völker fremdartige Sitte der Naturvölker, die Braut ihren Eltern gegen einen vereinbarten, meist in Haustieren bezahlten Preis abzukaufen. Die Frau wird dadurch zur bloßen Ware (Sklavin) und zum absoluten Eigentum des Mannes, so daß er mit ihr nach seinem Belieben schalten und walten, ja selbst über sie verfügen kann« (Meyer Bd. 7 1905, S. 42). Wilhelminische Männerphantasien.

So ist der Brautpreis noch lange Zeit gesehen worden, bis man langsam begriff, daß er eine ganz andere Funktion hatte als die eines mitteleuropäischen Kaufvertrages, daß er nicht ein Geschäft war über die Frau, sondern ein Ausgleich für den wirtschaftlichen Verlust ihrer Arbeitskraft oder der ihrer Kinder, die nach der Heirat der lineage ihres Mannes zugute kommen sollte. In seiner ursprünglichen Form wird er zwischen lineages geleistet. Diejenige, die Arbeitskraft verliert, erhält einen Ausgleich. Im Gegensatz zur Mitgift, oder Aussteuer, die ein Individualgeschäft ist, ein Geschäft zwischen einzelnen Personen, dem Vater der Frau und ihrem Mann, wird mit dem Brautpreis lineage-Eigentum, kollektives Eigentum, übertragen. Von einer lineage an die andere. Die Mitgift ist die Übertragung von Privateigentum, die Auszahlung einer vorweggenommenen Erbschaft der Tochter. Sie hat zur Grundlage das Privateigentum ihres Vaters und ihr individuelles Erbrecht. Kommt es später zum Erbfall, wird ihr die Mitgift bei der Berechnung ihres Anteils regelmäßig abgezogen (im römischen Recht die sogenannte collatio dotis, Kaser 1971. 732; im Bürgerlichen Gesetzbuch § 2050 Abs. 1). Die Mitgift dient ihrer materiellen Sicherung, was in lineage-Gesellschaften mit kollektiver Wirtschaft nicht notwendig ist. Umgekehrt braucht man in Gesellschaften mit Privateigentum und individueller Wirtschaft keinen Ausgleich für den Verlust von Arbeitskraft, weil jeder sowieso nur für sich selbst arbeitet. Anders ausgedrückt: In agnatischen Gesellschaften mit Gentileigentum gibt es den Brautpreis, in kognatischen Gesellschaften mit Privateigentum die Mitgift.

Die Unterschiede der Brautpreisleistungen in den einzelnen Gesellschaften sind sehr groß, nicht nur in der Art und Höhe, sondern auch in der Funktion. Wo die Landwirtschaft im wesentlichen auf der Arbeit des Mannes beruht, sind sie nicht Ausgleich für den Verlust der Arbeitskraft der Frau. Auch in frühen Gesellschaften wird Hausarbeit nicht hoch bewertet. Hier haben sie die Funktion, einen Ausgleich zu schaffen für den Verlust an Nachkommen, deren Arbeit später der lineage des Mannes zugute kommen soll. »Brideprice is childeprice«, sagen die englischen Anthropologen. So ist es regelmäßig in patrilinearen Gesellschaften. Verläßt eine Frau ihren Mann, dann braucht der Brautpreis nicht zurückgezahlt zu werden, wenn sie schon Kinder geboren hat, die in der lineage des Mannes bleiben. »Das Vieh ist, wo die Kinder nicht sind«, sagen die Afrikaner (Goody 1973. 13). Oft ist der Brautpreis genauso hoch wie das Blutgeld, das für die Tötung eines Menschen gezahlt wird (Mair 1971. 54). Die Funktion ist eindeutig. Es geht um die Nachkommen.

Anders ist es in matrilinearen Gesellschaften, denn hier gehören die Kinder zur lineage der Frau. Bei ihnen ist der Brautpreis regelmäßig Ausgleich für den Verlust ihrer eigenen Arbeitskraft. Er findet sich nämlich vorwiegend in Gesellschaften, in denen die Landwirtschaft zu einem großen Teil auf der Arbeit der Frauen beruht (Zahlen bei Goody 1976. 130). Und zwar nur dann, wenn die Frau mit der Heirat in das Dorf ihres Mannes zieht und ihre lineage dadurch ihre Arbeitskraft verliert, mit anderen Worten: nur bei Patrilokalität, nicht bei Matrilokalität. Auf diesen Zusammenhang von Brautpreis und Residenzregelung hatte schon Audrey Richards hingewiesen (1950. 249). Daten, die heute zugänglich sind, bestätigen sie. Von etwa siebzig matrilinearen Gesellschaften, in denen die Frau in die lineage des Mannes übersiedelt, gibt es größere Brautpreisleistungen in über fünfzig. Umgekehrt ist es bei Matrilokalität. Man kennt ungefähr vierzig Gesellschaften. Brautpreiszahlungen finden sich nur in drei von ihnen (Zahlen aus Murdock 1967). Diese drei sind Ausnahmefälle, die man erklären kann, wie zum Beispiel den Brautpreis bei den Navahos im Südwesten der Vereinigten Staaten. Sie sind matrilinear und matrilokal. Trotzdem werden Pferde als Brautpreis gegeben. Das scheint im 19. Jahrhundert entstanden zu sein. Zu einem großen Teil lebten sie nämlich von der Schafzucht, die von den Frauen betrieben wurde. Es gab lineages mit vielen und solche mit weniger Schafen. Mit den Pferden kauften sich nun die Männer in den lineages ein, die reicher waren, mehr Schafe hatten (Gough 1960. 567). Der Brautpreis hat bei ihnen eine sehr ungewöhnliche Funktion, dient der Verbesserung des Lebensstandards der Männer. Normalerweise entsteht er in matrilinearen Gesellschaften erst mit der Auflösung von Matrilokalität, ist Ausgleich für den Verlust der Arbeitskraft der Frau. Man kann auch sagen: Er entsteht mit dem Zerfall von Matrifokalität.

George Peter Murdock hat dafür eine Erklärung gegeben (Murdock 1949. 206 f.). Er bringt es in Verbindung mit dem Entstehen dauerhaften Eigentums der Männer, also von Herden, Sklaven, anderen beweglichen Sachen. Mit ihnen seien die Eltern der Frauen veranlaßt worden, sich von ihren Töchtern zu trennen, sie aus dem Dorf zu lassen und damit auch praktisch auf die Kinder zu verzichten. Für Murdock entsteht dann aus Patrilokalität auch Patrilinearität, nicht immer, aber, und das ist auch richtig, sie kann daraus entstehen. So daß man also, über das Privateigentum, wieder sehr nahe an die Gedanken von Morgan und Engels herangekommen wäre. Für einen amerikanischen Anthropologen im Jahre 1949 eine erstaunliche Überlegung (ähnlich, ohne Privateigentum, Gough 1978).

Von Privateigentum der Männer kann man aber in diesen Gesellschaften nicht sprechen. Der Brautpreis wird normalerweise immer von mehreren Verwandten aufgebracht, nicht nur von einem Mann allein, und er geht auch selten nur an die Eltern der Frau, sondern wird in ihrer lineage ebenso fächerförmig verteilt, wie er in der des Mannes zusammenkam, manchmal sogar noch darüber hinaus. Es ist ein kompliziertes Netz sozialer Beziehungen, das die Leistungen ermöglicht und durch sie ausgedrückt und erhalten wird. Das Privateigentum, oder überhaupt die Entstehung höher bewerteter beweglicher Habe, ist nicht des Rätsels Lösung. Wahrscheinlich sind es Veränderungen in den Arbeitsbedingungen, in der Wichtigkeit der Organisation der weiblichen oder männlichen Produktion. Das meint Kathleen Gough (1961. 565). Sie vermutet, die Entstehung von Patrilokalität hänge zusammen mit der Entstehung von kollektiver Arbeit der Männer, etwa beim Hüten von Vieh, das gemeinsam gegen Raubtiere und Räuber verteidigt werden muß. So allgemein kann man das wohl nicht sagen. Aber regelmäßig sind es tatsächlich Veränderungen der Arbeitsbedingungen, Verschiebungen in der Bedeutung von

Frauenarbeit und Männerarbeit, die viele Gründe haben können. Jedenfalls kann man nicht annehmen, der Brautpreis allein habe zur Auflösung von Matrilokalität geführt. Er war der Hebel, mit dem diese Ursachen sich durchsetzen konnten.

Patrilokalität bedeutet ohnehin eine Benachteiligung der Frauen. Der Brautpreis verstärkt sie außerordentlich. Er hat für sie viele ungünstige Folgen. Eine von ihnen ist die Polygynie. In allen Gesellschaften mit Brautpreisen gibt es die Möglichkeit, daß ein Mann mehrere Frauen heiratet (Goody 1973. 13 f.). Das muß für sie nicht immer nachteilig sein und wird von ihnen nicht immer so empfunden. Aber in mindestens der Hälfte aller Fälle gibt es Eifersuchtsprobleme dieser Frauen untereinander, was immer ein Zeichen größerer Benachteiligung sein dürfte. Zahlen sind nur für matrilineare Gesellschaften bekannt (Schlegel 1972. 66). In patrilinearen wird es genauso sein, vielleicht sogar noch schlimmer.

Polygynie und Brautpreis hängen unmittelbar miteinander zusammen. Wenn Voraussetzung für eine Heirat die Leistung von Gütern ist, dann erhalten Frauen nicht nur in den Männerphantasien europäischer Betrachter, sondern auch in der Vorstellung der Männer dieser Gesellschaften einen gewissen Sachwert. Und nichts scheint näher zu liegen als der Gedanke einer Wiederholung, wenn man diesen Sachwert mehr als einmal aufbringen kann. Das hat auf der einen Seite den Vorteil, daß damit die größere Ansammlung von Sachwerten in der Hand einzelner Familien vermieden wird. Reichtum und materielle Ungleichheit können nicht entstehen, weil die Polygynie der Motor ist für eine ständige Umverteilung (Goody 1973. 13). Redistribution sagen die Ethnologen. Aber sie hat auch zur Folge, daß der Objektcharakter von Frauen verstärkt wird, der im Brautpreis ohnehin angelegt ist, der ihre Stellung auf lange Sicht sehr verschlechtern mußte, auch wenn sie, wie oft berichtet wird, im Einzelfall stolz darauf sind, daß für sie ein besonders hoher Preis gezahlt worden ist.

Gegen den Brautpreis als solchen ist nichts einzuwenden. Er hat an sich eine sinnvolle Funktion, ist Ausgleich für den Verlust von Arbeitskraft, Ausgleich zwischen Verwandtschaftskollektiven in Gesellschaften, für die zum Überleben nicht so sehr der Besitz von Produktionsmitteln, sondern Arbeitskräfte notwendig sind. Man könnte sich vielleicht darüber wundern, warum bei Matrilokalität nicht ein entsprechender Ausgleich an die lineage des Mannes geleistet wird, die doch regelmäßig auch einen Verlust an Arbeitskraft erleidet, wie zum Beispiel bei den Hopi, deren Männer in der lineage ihrer Frau auf den Maisfeldern arbeiten. Aber das läßt sich noch erklären.

Meistens wird in matrilokalen Gesellschaften die Landarbeit von Frauen geleistet. Die Männer jagen, roden oder bauen Häuser. Und die Frauenarbeit wird höher bewertet. Männerarbeit ist nicht so wichtig. Deshalb gibt es keinen Ausgleich. Bei den Hopi war es ursprünglich ebenso. Und als sich das änderte, war die Matrilinearität schon entwickelt. Sie wurde beibehalten, ohne daß man diesen später entstandenen Verlust an Arbeitskraft ausglich.

Der Brautpreis ist ursprünglich nicht gegen Frauen gerichtet gewesen, bedeutet an sich keine ungleiche Behandlung von Frauen und Männern. Verhängnisvoll an ihm waren seine langfristigen Folgen, nicht nur Polygynie und Sachwertvorstellungen. Mit ihm verstärken sich nämlich andere Tendenzen zur Ungleichheit, die ohnehin in einem großen Teil der lineage-Gesellschaften existieren. Es sind Vorstellungen vom Frauentausch, die zunächst unabhängig sind vom Sachwert, der im Brautpreis liegt. Sie beruhen ganz einfach darauf, daß die Exogamie der lineages mit einem Tausch von Heiratspartnern verbunden ist, von Männern und Frauen. Aus Gründen, die noch zu nennen sind, erscheinen nun öfter die Frauen allein als die Getauschten, als Objekte, und die Männer als die tauschenden Subjekte. So etwas hat schwerwiegende Folgen.

Es ist die Exogamie. Sie ist eine genauso sinnvolle Regelung wie der Brautpreis. Exogamie bedeutet das Gebot, außerhalb der lineage zu heiraten, gleichzeitig das Verbot, es innerhalb zu tun. Ihr Funktionieren läßt sich tatsächlich als eine Art Tausch verstehen, sowohl für Matrilinearität als auch für Patrilinearität. Heiratet eine Frau der lineage A einen Mann der lineage B, und eine Frau der lineage B einen Mann der lineage A, dann kann das aus der Sicht der Frauen ein Tausch der Männer sein. Aus der Sicht der Männer ein Tausch der Frauen.

Für Claude Lévi-Strauss ist es ein Tausch der Frauen. Seine Theorie ist die bekannteste und bedeutendste. Man kann das Problem nicht beschreiben, ohne sie zu berücksichtigen. In seinen »Structures élémentaires de la parenté« (1949, 2. Aufl. 1967) beschreibt er den Frauentausch als grundlegendes Kulturelement früher Gesellschaften, letztlich als ewige und unvergängliche Struktur menschlicher Kultur. Es ist eine Ergänzung der Theorie der Gegenseitigkeit seines Lehrers Marcel Mauss. Diese Theorie, im berühmten »Essai sur le don« (1923/24), ist die Schilderung einer Art ursprünglichen Gesellschaftsvertrages in frühen Gesellschaften ohne Herrschaft und ohne Staat. In ihnen werde die soziale Ordnung dadurch hergestellt und erhalten, daß die Menschen miteinander Gaben tauschen. Der Tauschvertrag ist die Grundlage dieser Ordnung, eben eine Art Gesellschaftsvertrag, der ständig wiederholt wird. Es sind wichtige und unwichtige Dinge, die getauscht werden, Lebensmittel und andere, oft sogar identische Güter von gleicher Menge. Denn es wird nicht nur ohne Gewinn getauscht, sondern oft auch ohne ökonomische Notwendigkeit, ohne daß der eine oder andere auf die Gabe oder Gegengabe angewiesen wäre. Mauss sieht deshalb in der Gegenseitigkeit des Tauschs, in der réciprocité, auch nicht einen ökonomischen, sondern einen gesellschaftlichen Prozeß. Durch ihn wird Gesellschaftlichkeit hergestellt. Das ist ihr Zweck. Einen anderen hat sie nicht. Sie erzeuge und erhalte ein Verhältnis gegenseitigen Vertrauens und gegenseitiger Hilfe, von Solidarität und Gesellschaftlichkeit. Dadurch unterscheide sich, grob gesprochen, die menschliche Gesellschaft vom Tierreich. Dadurch unterscheiden sich Menschen von Tieren, daß sie sich gegenseitig aufeinander beziehen, sich gegenseitig helfen – es geht nicht nur um materielle Güter, die getauscht werden – und sich gegenseitig anerkennen.

Lévi-Strauss hält das für richtig. Er ergänzt es nur in einer nicht unwichtigen Einzelheit. Er sagt, dieser gesellschaftliche Prozeß beruht nicht so sehr auf dem Tausch von irgendwelchen Gütern, die im Laufe der Zeiten beliebig wechseln können, die auch von Gesellschaft zu Gesellschaft verschieden sind, sondern auf einem grundlegenden Tauschvorgang, der zu allen Zeiten und in allen Gesellschaften immer der gleiche sei. Es ist der Tausch von Frauen. Für Lévi-Strauss ist es ein Tausch ohne weitere Bedingungen. Der Brautpreis spielt keine Rolle dabei, ist unwesentliches Ereignis am Rande des Geschehens. Die eine Gruppe gibt der anderen ihre Frauen und umgekehrt. »Wir geben euch unsere Frauen, ihr gebt uns eure.« Das ist alles. Die Entstehung von Exogamie. Er bringt sie funktional in Zusammenhang mit dem Inzesttabu. Es habe keine biologischen Gründe, sondern – allein

– den Zweck, diesen Frauentausch zu ermöglichen und damit die Entstehung und Erhaltung von sozialer Ordnung der Menschen. Indem es den Männern verbietet, sich den Frauen der eigenen Gruppe zu nähern, erzwinge es ihren Tausch. Damit entsteht, bis heute, Kultur und Gesellschaft (was in letzter Konsequenz bedeutet, daß man Kultur und Gesellschaft zerstören müßte, um die Befreiung von Frauen zu ermöglichen). Die grundlegende Funktion des Frauentausches liege auch darin, daß sich bei ihnen im Gegensatz zu materiellen Gütern die Wertvorstellungen nicht verändern, weder im Lauf der Zeit noch von Gesellschaft zu Gesellschaft. Sie seien nämlich ein »natürliches Stimulans« (1967. 73). Man sieht, auch Lévi-Strauss ist nicht frei von männlicher Egozentrik. Marielouise Janssen-Jurreit nennt sie sexistisch und hat sie ausführlich kritisiert (Janssen-Jurreit 1976. 166-173, ähnlich schon Rubin 1975. 158 f.). Eigentlich hat sie völlig Recht. Ja, eigentlich.

Zum Teil stimmt es nämlich doch. Es sind viele Übertreibungen darunter, und die feministische Kritik an den unbewußten männlichen Vorurteilen dieser Theorie ist völlig berechtigt. Übertrieben ist ihr universaler Anspruch. Übertrieben ist die Meinung, die Reziprozität des Frauentauschs sei die Grundlage jeder gesellschaftlichen Ordnung. Für Jägergesellschaften stimmt das schon mal nicht. Auf sie hat er auch nicht geachtet. In ihnen gibt es keine derartig festen Regeln der Exogamie. Im Grunde ist es eine Theorie für segmentäre lineage-Gesellschaften. Aber auch in ihnen gibt es viele, in denen sie versagt, nämlich in allen ursprünglichen matrilinearen Gesellschaften. Also die Kombination von Matrilinearität und Matrilokalität. In diesen matrifokalen Gesellschaften ziehen die Männer in das Dorf ihrer Frauen. Deren Brüder verlassen das heimatliche Dorf und gehen in andere Dörfer, um dort zu heiraten. Das ist ein Tausch der Männer. Jedenfalls ist es kein Frauentausch, weder von außen betrachtet, objektiv, noch im Bewußtsein der Frauen und Männer, subjektiv. Die Frauen bleiben, wo sie sind. Sie werden nicht getauscht. Zum Tausch gehört auch eine äußere Bewegung.

Diese Bewegung von Frauen gibt es bei Patrilokalität, also in patrilinearen Gesellschaften, die meistens patrilokal sind, und in den entsprechenden matrilinearen. Hier setzt ein Prozeß ein, auch im Bewußtsein der Menschen, der sich langsam verstärkt, der die Frauen zu Objekten eines Tauschprozesses werden läßt.

Man kann ihn noch nicht genau beschreiben. Systematische Beobachtungen darüber fehlen. Der Brautpreis hat in ihm eine entscheidende Rolle gespielt. Mit ihm sind Sachwertvorstellungen verbunden, die die Männer zu denjenigen werden lassen, die aktiv tauschen, und die Frauen zu denen, die passiv getauscht werden (Rubin 1975. 205). Es gibt viele Äußerungen aus segmentären Gesellschaften, die das bestätigen (z. B. bei Rubin 1975. 175).

Das war die entscheidende Kombination: Exogamie, Patrilokalität, Brautpreis, Polygynie. Drei davon sind, jede für sich genommen, an sich ohne Diskriminierung für die Frauen, haben sinnvolle gesellschaftliche Funktionen. Die Anlage zur Benachteiligung ist in allen gegeben, am stärksten bei Patrilokalität und Polygynie. Auch der Brautpreis war nicht ungefährlich, am neutralsten noch die Exogamie. Brisant aber wurde erst die Kombination, mit der sich die gefährlichen Anlagen ergänzten und vervielfachten. Die Kombination verfälschte die Exogamie zu einer Zirkulation von Frauen, zu einem Tauschprozeß, in dem sie die passiven Objekte sind, die, über den Brautpreis, auch noch einen Sachwert haben. Es kommen noch viele Momente hinzu, verschiedene in verschiedenen Gesellschaften, von denen das wichtigste vielleicht gewesen ist, daß die Frauen dann häufig auch nicht selbst ihren Mann wählen, sondern schon als kleine Mädchen verlobt werden. Es ist ein langsamer Prozeß, mit vielen Formen und manchen Stufen, der sich erst in groben Umrissen schildern läßt. Die »politische Ökonomie der Sexualität«, wie Gayle Rubin ihn nennt, muß erst noch geschrieben werden. Ihre wesentlichen Elemente stehen fest. Es ist die Kombination von Exogamie, Patrilokalität, Brautpreis und Polygynie.

Über die Zirkulation der Frauen und durch die bewußte Steuerung dieser Zirkulation und durch ihre Verfälschung entsteht die Unterdrückung der Frauen und die Herrschaft der Männer. Diese Herrschaft hat verschiedene Formen der Intensität. Es ist durchaus nicht so, daß sie in den typischen Männergesellschaften, in der Kombination von Patrilokalität mit Patrilinearität, am stärksten ist, oder etwa dort, wo sich auch noch typisch »männliches« Heiratsgut befindet, nämlich Rinder, die ja eher den Männern zugerechnet werden, weil sie sie hüten und bewachen. Es gibt in frühen Gesellschaften auch kein allgemeines »Patriarchat«. Gerade in Hirtenvölkern scheint die Situation der Frauen allgemein besser zu sein als bei Ackerbauern. Bei den Nuer im Sudan wird das mit dem stark egalitären Charakter ihrer gesellschaftlichen Ordnung zusammenhängen. Die Gleichheit der Männer färbt bei ihnen eben zu einem guten Teil auch noch auf die Frauen ab. Viel schlimmer ist es jedenfalls bei den Lele, matrilinearen Ackerbauern im Kongo. Dort betrieben die älteren Männer ganz bewußt den Frauentausch. Zielgerichtet versuchen sie, die volle Kontrolle über die Frauen ihrer Familie in der Hand zu halten. Mechanismus der Zirkulation sind bei ihnen Brautpreiszahlungen in Raffia-Palmen-Tüchern, die in alle sozialen Beziehungen hineinreichen (Douglas 1963). Und die Frauen versuchen ab und zu, und manchmal erfolgreich, dem zu entfliehen.

Soviel läßt sich heute sagen zum Prozeß der Unterdrückung von Frauen in segmentären Gesellschaften, bei Ackerbauern und Hirten. Vorher, in Jägergesellschaften, waren sie leicht benachteiligt. Jetzt entsteht die Herrschaft der Männer, nicht überall, und nicht überall in gleicher Intensität. Die groben Umrisse des Prozesses sind bekannt. Er spielt sich ab im Rahmen von Exogamie, Patrilokalität, Brautpreis und Polygynie. Damit, mit der Entstehung der Herrschaft von Männern über Frauen, ist dieser Prozeß der politischen Ökonomie der Sexualität aber noch nicht abgeschlossen. Herrschaft ist ansteckend. Ist sie einmal entstanden, droht Ausbreitung. Aus der Herrschaft von Männern über Frauen kann auch die Herrschaft von Männern über Männer entstehen.

Dieser Teil der politischen Ökonomie der Sexualität ist noch fast unbekannt. Er soll hier auch nicht mehr beschrieben, sondern nur angedeutet werden, ist ein Kapitel im Rahmen eines sehr viel weiteren Themas, der Entstehung politischer Herrschaft, von Recht und Staat. Wie entsteht aus egalitären segmentären Gesellschaften zentrale Herrschaft? Darüber denkt man in Europa seit zweieinhalb Jahrtausenden nach. Es hat schon viele Antworten gegeben (Service 1977. 47-77). Wenige haben sich als dauerhaft erwiesen, und sicher ist wohl nur, daß es mehr als eine gibt. Die Entstehung politischer Herrschaft kann viele Ursachen haben, über die hier nicht zu reden ist. Eine jedoch, die sehr häufig wirksam gewesen sein wird, vielleicht sogar die häufigste, wird in der Diskussion der – männlichen – Philosophen, Anthropologen, Historiker und Politologen nie genannt: die Fortsetzung des Prozesses der politischen Ökonomie der Sexualität. Die Verfälschung der Zirkulation von Frauen kann sich verstärken. Auch dabei spielt der Brautpreis eine wichtige Rolle, und die Polygynie. Heiratsgut kann nämlich, ohne daß es zu Privateigentum wird, eingesetzt werden zur Erlangung politischer Macht (Rubin 1975. 206-210). Durch sie wird die egalitäre Ordnung der segmentären Gesellschaften zerstört. Es entsteht Kephalität, entstehen Häuptlingsgesellschaften und frühe Königreiche, Protostaaten. Die großen Verwandtschaftsgruppen lösen sich langsam auf, werden regelmäßig geschwächt oder aufgelöst, weil sie der zentralen Herrschaft im Wege stehen. Die Gesellschaft teilt sich in herrschende Männer und beherrschte. Und die beherrschten Männer herrschen wieder über ihre Frauen, deren Lage sich damit noch weiter verschlechtert. Dieser Teil der politischen Ökonomie der Sexualität muß noch geschrieben werden.

XX. Früheste Vergangenheit und nahe Zukunft

Geschichte als Lehrmeister? Nun ja. Das muß jeder selbst entscheiden. Zumal sie oft nur ist, was Historiker hervorbringen. Ein gutes Beispiel war Johann Jakob Bachofen. Allerdings, nun ist doch erstaunlich viel geblieben. Die früheste Geschichte der Menschen beginnt zwar nicht so, wie er gemeint hat. Schon bei den frühesten Sammlern und Jägern der Altsteinzeit hat es die Familie gegeben, als arbeitsteiliges Zusammenleben einer Frau mit einem Mann und ihren Kindern. In dieser kleinen Familie war die Frau von Anfang an benachteiligt, durch die Kinder. Aber dann kam eine Zeit, mit der Seßhaftigkeit, in einigen Arten von Landwirtschaft, in der durch matrifokale Organisation diese Benachteiligung ausgeglichen werden konnte. Es gab segmentäre Gesellschaften, ohne Herrschaft und ohne Staat, die im wahren Sinn des Wortes egalitär gewesen sind, in denen die Egalität nicht nur die Männer, sondern auch die Frauen meinte. In ihnen standen die Frauen sogar im Mittelpunkt der gesellschaftlichen Ordnung, durch Matrilinearität und Matrilokalität. Das Übergewicht des Mannes in der kleinen Familie war zurückgedrängt durch die Zentrierung der sozialen Ordnung auf die Verwandtschaft der Frau, die auch ihren Wohnsitz bestimmte. In diesem Sinn, ohne daß man von einem gesellschaftlichen Übergewicht sprechen kann, hat es Frauengesellschaften gegeben, nicht überall, und nicht am Anfang, aber ziemlich viele.

Das war bisher nicht bekannt. Murdock hatte zwar schon 1949 gesehen, daß Matrilokalität immer am Anfang matrilinearer Gesellschaften gestanden haben muß. Und Alice Schlegel, Karen Sacks und Peggy Sanday haben in den siebziger Jahren die Bedingungen von Matrifokalität analysiert, als deren wichtigste die Matrilokalität anzusehen ist. Aber man hat es nicht zusammengebracht.

Wenn man die Kategorie der Herrschaft aus der Geschichte herausnimmt, die Bachofen geschrieben hat, dann erweist sie sich zum Teil als richtig. In Lykien jedenfalls, mit dem sein Buch beginnt, muß es am Anfang eine matrilokale und matrilineare Ordnung gegeben haben. Nach allem, was man weiß, war sie matrifokal, gab es kein Übergewicht der Männer. Und zweihundertfünfzig Kilometer östlich davon, im Çatal Hüyük, wo man die älteste Siedlung der Jungsteinzeit ausgräbt, war es wahrscheinlich ebenso. Es spricht alles dafür. Daß es Herrschaft gibt in der menschlichen Gesellschaft, war für Bachofen selbstverständlich. Und wenn es nicht die Männer waren, dann mußten es die Frauen gewesen sein. Hier hat er geirrt. Erst seit einiger Zeit weiß man in Europa, daß es auch anders geht, daß es herrschaftsfreie Gesellschaften gibt, anarchisch und geordnet. Mancher, dem die englische social anthropology unbekannt geblieben ist, oder dem sie nicht in den Kram paßt, glaubt es bis heute nicht. Es sei nur an die Kontroverse erinnert zwischen Ralf Dahrendorf und Christian Sigrist über die Universalität von Herrschaft (Dahrendorf, Sigrist 1964). Wenn Bachofen sie gekannt hätte, würde er das »Mutterrecht« vielleicht anders geschrieben haben.

Während auf der einen Seite die Benachteiligung von Frauen mit der Seßhaftigkeit beseitigt wurde, ist sie auf der anderen, der patrilinearen, verstärkt worden. In gleicher Weise entwickelten sich matrilineare Gesellschaften nach Auflösung ihrer Matrilokalität. Die Residenzfrage war entscheidend. Damit begann ein Prozeß zunehmender Unterdrückung, dessen wesentliches Moment die Kombination gewesen ist von Exogamie, Patrilokalität, Brautpreis und Polygynie, und zwar vor der Entstehung kephaler politischer Instanzen, vor der Entstehung von Staat und Recht, und ohne daß sich Privateigentum entwickelt hatte, dessen Geschichte häufig ohnehin erst nach der Entstehung von Zentralinstanzen einsetzt.

Wo liegen die Gründe? Sucht man eine einfache Antwort, dann gibt es sie. Wenn die verhältnismäßig unkomplizierte Entwicklung bei Sammlern und Jägern und die verwickelten Prozesse in segmentären Gesellschaften unbedingt auf einen Nenner gebracht werden müssen, lautet sie: Es war die Arbeitsteilung zwischen Frauen und Männern. Mit der nächsten Frage allerdings, nach den Gründen für die Arbeitsteilung, ist es schon nicht mehr ganz so leicht.

Für Jägergesellschaften geht es noch. Kinder, Schwangerschaft und Neotenie belasten die Frau. Deshalb ging der Mann auf die Jagd und die Frau zum Sammeln und wurde die Nahrung von ihr gemeinsam für alle bereitet. Der größere Schwierigkeitsgrad der Jagd und der höhere Wohlgeschmack von Fleisch erhöhten das Prestige des Jägers gegenüber der Sammlerin. Kollektivität männlicher Jagdunternehmungen förderte Tendenzen zur patrilokalen Horde. Insgesamt ergab das eine Benachteiligung von Frauen, die noch nicht sehr stark war. Das war die erste Stufe in der politischen Ökonomie der Sexualität.

Die zweite, der segmentären Ackerbauern und Hirten, ist schwerer zu beschreiben. Die äußeren Mechanismen der Unterdrückung sind bekannt, die Kombination von Exogamie, Patrilokalität, Brautpreis und Polygynie. Zum Teil entwickelten sie ein eigenes Gewicht, unabhängig von ihren Ursachen, ihrer Funktion. Die meisten kann man benennen. Ursache der Exogamie ist die mit der Seßhaftigkeit gesteigerte Bedeutung der Frau als Produzentin von Produzenten. Im Gegensatz zur Produktion der Horde, die ungeordnet war und mit jedem Tag beendet wurde, indem man das Produkt verteilte, beginnt mit der Landwirtschaft ein zeitlich gestreckter Tausch von Lebensmitteln, zwischen Alten und Jungen. Zunächst leben die Kinder von den Eltern. Das war nichts Neues. Dann aber, im Alter, leben die Alten von ihren Kindern. Das war die Wende. Für diese Art von Produktion brauchte man Nachkommen, die im Alter existentiell wichtig werden, während sie in Jägergesellschaften eher als überflüssige Esser gefährlich waren, die man zum Teil tötete, nach ihrer Geburt, wie die Alten, die nicht mehr laufen konnten. Es entstand die Notwendigkeit, Nachkommen möglichst gleichmäßig zu verteilen. Das war die Ursache der strikten Exogamie. Auch die von Brautpreiszahlungen ist bekannt. Sie sind Ausgleich für den Verlust von Arbeitskraft, im Rahmen dieser kollektiven Produktion. Aber die Ursachen von Matrilokalität und Patrilokalität?

Die Residenzregelung entschied darüber, ob die Benachteiligung von Frauen aufgehoben oder verstärkt wurde. Einiges weiß man. Vieles nicht. Man weiß, daß Matrilokalität entsteht, wenn die Landwirtschaft im wesentlichen auf der – kollektiven – Arbeit von Frauen beruht, und daß das regelmäßig der Fall ist bei Garten- oder Hackbau ohne Pflug. Die Männer roden die häufiger wechselnden Felder, gehen auf die Jagd. Anders beim Anbau von Getreide. Die Dörfer sind stabiler. Aussaat, Pflege und Ernte liegen meistens bei den Männern. Die Gesellschaften sind meistens patrilokal. Um nur das Wichtigste zu nennen.

Wo liegen nun die Gründe für diese verschiedenen Formen der Arbeitsteilung zwischen Männern und Frauen? Es gibt letztlich keine ausreichende Antwort. Die Frage nach den letzten Ursachen im zweiten Teil der Entwicklung der politischen Ökonomie der Sexualität ist noch nicht beantwortet. Man kann nur allgemein sagen: Es war die Arbeitsteilung.

Jedenfalls ließ sie sich in matrifokalen Gesellschaften so organisieren, daß die Benachteiligung von Frauen aufgehoben wurde, in Ausnahmefällen sogar, wie bei den Irokesen, für sie ein gesellschaftliches Übergewicht entstand. Frauen sind nicht immer benachteiligt oder unterdrückt gewesen.

Unter amerikanischen feministischen Anthropologinnen ist die Theorie von der universalen Unterdrückung der Frauen weit verbreitet. Sie meinen, Frauen seien immer und überall unterdrückt worden (Rosaldo 1974; Lamphere 1974, 1977; Chodorow 1975, Ortner 1975, Rubin 1975, ebenso schon Firestone 1970, in Deutschland Janssen-Jurreit 1975. 149-173). In letzter Zeit sind wieder Zweifel aufgetaucht (Webster 1975. 154, Caulfield 1977). Sie sind, wie man sieht, berechtigt. Die Theorie der universalen Unterdrückung beruht auf dem Fehler, ethnologische Daten aus frühen Gesellschaften so zu akzeptieren, wie sie heute vorhanden sind, ohne sie historisch zu analysieren (Caulfield 1977. 66-69). Die historische Analyse ergibt: Es hat matrifokale Gesellschaften in großer Zahl gegeben.

Die Entstehung der Familie, auch der patriarchalischen, und die Unterdrückung von Frauen sind unabhängig von der Existenz des Privateigentums und des Staates. Hier irrten Morgan und Engels. Bei der Entstehung politischer Herrschaft ist es sogar umgekehrt. Kephalität, frühe Staatlichkeit, entsteht oft aus der Unterdrückung von Frauen, in Fortsetzung des Prozesses der politischen Ökonomie der Sexualität, wenn die Verfälschung der Zirkulation von Frauen sich verstärkt. Aus der Herrschaft von Männern über Frauen entsteht die Herrschaft von Männern über Männer. Dieser Zusammenhang von politischer Herrschaft mit der Unterdrückung von Frauen ist bisher nur ganz selten gesehen worden. Er ist der dritte Teil des Prozesses der politischen Ökonomie der Sexualität. In seinen Einzelheiten noch weniger bekannt als der zweite.

Folgerungen für die Zukunft? Aus einer Rekonstruktion der frühesten Vergangenheit, einer Rekonstruktion von Gesellschaften vor der Entstehung staatlicher Herrschaft, die das Leben von heute allumfassend bestimmt? Die Arbeitsteilung zwischen

Frauen und Männern ist bis heute nicht beseitigt. Wie in archaischen Jägergesellschaften der Altsteinzeit leben Mann und Frau in der ökonomischen Einheit der kleinen Familie. Auch dort hat die Frau nicht nur für den Haushalt und die Familie gesorgt. Wie es heute oft geschieht, hat sie außerhalb gearbeitet, zum Lebensunterhalt beigetragen. In Höhe von sechzig Prozent durch das Sammeln pflanzlicher Nahrung. Ihre Benachteiligung heute ist größer, zum Teil aus historischen Gründen. Die Lösung für die Zukunft jedenfalls ist die Aufhebung jeglicher Arbeitsteilung, nicht nur außen, in der Art der Berufe und ihrer Bezahlung, sondern auch im Innern der ökonomischen Einheit der Familie, im Haushalt und bei der Versorgung der Kinder. Welche Vergangenheit Frauen auch immer gehabt haben, keine gibt ein Muster für die Zukunft (Webster 1975. 155). Trotzdem: Wie man vorübergehend Nachteile ausgleichen kann, das zeigen matrifokale Gesellschaften, mit ihrer kollektiven Organisation des Lebens von Frauen, ohne daß dadurch die kleine Familie beseitigt werden muß. Ansätze dazu gibt es heute genug. Man darf ab und zu auf die Irokesen sehen, auch wenn man nicht vom Mais lebt, mit soviel schönem Land um sich herum, und den Männern meistens unterwegs.

Anhang: Kurzes ABC für segmentäre Gesellschaften

Agnatische Verwandtschaft. Ist die Gliederung der Gesellschaft in einlinige Abstammungsgruppen, die man lineage oder gens nennt. Kinder sind entweder nur mit der Familie ihrer Mutter oder nur mit der ihres Vaters verwandt. Also die beiden Unterformen: Matrilinearität und Patrilinearität. Einlinigkeit bedeutet, daß Verwandtschaft entweder nur über die Mütter oder nur über die Väter vermittelt wird. Bei Matrilinearität zum Beispiel sind miteinander verwandt, gehören zur selben lineage, alle Frauen, Männer und Kinder, die ihre Abstammung in der weiblichen Linie auf eine und dieselbe Stammutter zurückführen können, also über ihre Mutter, Großmutter, Urgroßmutter usw. Gegensatz: kognatische Verwandtschaft, die auch Blutsverwandtschaft genannt wird. Bei kognatischer Verwandtschaftsordnung bilden sich keine festen Abstammungsgruppen, die sich gegenseitig als lineages abgrenzen, sondern jeder ist mit jedem verwandt. Die agnatische Verwandtschaft ist bei ihrer Entstehung identisch mit der gesellschaftlichen Ordnung der frühen Ackerbauern und Viehzüchter. Es gibt auch Mischsysteme.

Akephale Gesellschaften. Sind solche, die keinen kephalos, griechisch: Kopf, haben. Gesellschaften ohne Zentralinstanz, also ohne Häuptlinge oder Könige oder andere »staatliche« Herrschaftsinstanzen. Dazu gehören Jägergesellschaften und segmentäre Gesellschaften. Gegensatz: kephale Gesellschaften.

Anarchische Gesellschaften. Archein ist griechisch und heißt herrschen. Anarchie ist Abwesenheit von Herrschaft. Also: herrschaftsfreie Gesellschaften, ohne Häuptlinge, Könige, Staat. Sie sind akephal und egalitär: Jägergesellschaften und segmentäre Ackerbau- und Hirtengesellschaften. Anarchie ist nicht Chaos, sondern bedeutet nur Ordnung ohne Herrschaft. Viele meinen, wie Thomas Hobbes, so etwas sei unmöglich. Und schreiben es heute noch. Nach dem Motto des damaligen Abgeordneten Schmücker im Deutschen Bundestag: »Wir lassen uns durch die beste Sachkenntnis nicht von unserer politischen Meinung abbringen.«

Egalitäre Gesellschaften. Eine andere Bezeichnung für akephale und anarchische Gesellschaften, die ausdrücken soll, daß die Menschen in ihnen grundsätzlich gleich sind. Ihre Gleichheit ist allerdings eine andere als die der bürgerlichen Demokratie. Nicht so formal. Sie bedeutet, daß es keine Klassenunterschiede und auch keine Herrschaft gibt. Problematisch ist die Bezeichnung, weil Frauen in diesen Gesellschaften meistens schon mehr oder weniger stark benachteiligt sind.

Endogamie. Von griechisch endo: innen, und gamos: Ehe. Also das Prinzip, daß man innerhalb einer bestimmten Gruppe heiraten, sich seinen Heiratspartner suchen soll. Endogam in frühen Gesellschaften ist der Stamm. Er hat mehrere exogame lineages. Das heißt: Man heiratet innerhalb des Stammes, aber außerhalb der lineage. Der Gegensatz von Endogamie ist Exogamie.

Exogamie. Prinzip, daß man nur außerhalb (griechisch: exo) seiner eigenen Gruppe heiraten darf. Exogam in frühen Gesellschaften ist die agnatische Verwandtschaftsgruppe, der Klan, die gens, die lineage. Die Exogamie wird regelmäßig ergänzt durch das Inzestverbot, also durch das Verbot auch des außerehelichen Verkehrs in dieser Gruppe. Gegensatz: Endogamie.

Gens. Ist die lateinische Bezeichnung für die agnatische Verwandtschaftsgruppe. Dasselbe wie lineage.

Gentilgesellschaften. Dasselbe wie segmentäre Gesellschaften.

Gynaikokratie. Griechische Bezeichnung für Frauenherrschaft. Von gyne: die Frau, und kratein: herrschen. Das Wort stammt aus der Antike. Von dort hat Bachofen es übernommen. Es ist gleichbedeutend mit Matriarchat. Dieses Wort ist eine Neubildung aus dem Ende des 19. Jahrhunderts. Bachofen kannte es noch nicht.

Inzesttabu. Das Verbot des Geschlechtsverkehrs mit nahen Verwandten oder innerhalb einer größeren agnatischen Verwandtschaftsgruppe. Es ist regelmäßig die Ergänzung von Exogamievorschriften. Findet sich auch schon in Jägergesellschaften. Allerdings ist noch bestritten, ob überall.

Kephale Gesellschaften. Sind solche mit Zentralinstanzen: Häuptlingsgesellschaften, frühe Königreiche, Protostaaten, Staaten. Alle Gesellschaften mit politischer Herrschaft, also auch antike Demokratien, Gesellschaften mit asiatischer Produktionsweise, Feudalgesellschaften und neuzeitliche Königreiche und Demokratien. Von griechisch kephalos: der Kopf, das Haupt. Gegensatz: akephale.

Kognatische Verwandtschaft. Ist die Blutsverwandtschaft. Ein Kind ist mit allen Verwandten seiner Mutter und seines Vaters verwandt, über das »Blut« seiner Mutter und seines Vaters. Gegensatz: agnatische Verwandtschaft, die einlinig nur über die Mutter oder über den Vater zählt. Dadurch bilden sich dort feste Verwandtschaftsgruppen, lineages. Während sich hier, in der kognatischen Verwandtschaft, die Beziehungen diffus ins Unendliche verlieren. Kognatische Verwandtschaft gibt es historisch vor der Bildung der agnatischen, nämlich in Jägergesellschaften. Und es gibt sie historisch nach dem Verschwinden der agnatischen Verwandtschaft, in kephalen Gesellschaften, wenn es der Zentralinstanz gelungen ist, was sie meistens versucht, die lineages zu beseitigen.

Lineage. Der englische Ausdruck für die agnatische Verwandtschaftsgruppe. Gleichbedeutend mit gens. In der Ethnologie unterscheidet man je nach dem Alter und damit der Größe dieser Gruppen, also nach der Zahl der zurückliegenden Generationen, zwischen Klan, maximal lineage, mittleren Gruppen, die meistens einfach nur als lineage bezeichnet werden, und nuclear lineage.

Matriarchat. Herrschaft der Frauen. Ein neugebildetes Wort aus dem Ende des 19. Jahrhunderts. Es bezeichnet die politische Herrschaft von Frauen in der Gesellschaft und ihre Dominanz in der Familie.

Matrifokalität. Ein neugebildetes Wort, ungefähr zehn Jahre alt. Von lateinisch mater: die Mutter, und focus: der Brennpunkt, Mittelpunkt. Matrifokal sind Gesellschaften, die in ihrer gesamten Ordnung auf die Frauen ausgerichtet sind, in Abstammung und Residenzregelung, also durch die Kombination von Matrilinearität und Matrilokalität. Das ergibt ungefähr ein Gleichgewicht der Geschlechter, ausnahmsweise, wie bei den Irokesen, auch ein Übergewicht der Frauen.

Matrilinearität. Ist die agnatische Verwandtschaft in der Mutterfolge. Kinder gehören nur zur Verwandtschaft ihrer Mutter, nicht ihres Vaters.

Matrilokalität. Bezeichnet den Wohnsitz einer Familie. Mann, Frau und ihre Kinder leben am Ort der lineage der Frau. Gibt es nur in matrilinearen Gesellschaften. Vgl. Patrilokalität.

Matristische Gesellschaften. Ein Wort aus den siebziger Jahren. Es soll ein gesellschaftliches Übergewicht der Frauen bezeichnen. Diejenigen, die es gebrauchen (z. B. Ernest Borneman), haben gesehen, daß es eine politische Herrschaft in frühen Gesellschaften nicht gibt. Also wußte man, daß der Ausdruck Matriarchat irreführend ist. An seine Stelle setzt man das Wort matristisch, ohne allerdings segmentäre Gesellschaften in ihrer allgemeinen Struktur und die Situation von Frauen in ihnen genauer zu analysieren.

Mutterrecht. Ist ein Wort, mit dem man alles bezeichnen kann. Es wird, je nach Erkenntnisstand der Verfasser, verwendet für: Matriarchat, Matrilinearität und »matristische« Gesellschaften. Auch für Matrifokalität ist es geeignet. Bachofen, der es als erster gebrauchte, verwendete es im gleichen Sinn wie Gynaikokratie. Dafür sagte man dann später Matriarchat. Problematisch ist es auch deshalb, weil man von Recht nur sprechen kann, wenn es politische Herrschaft gibt. Die ist in den Gesellschaften, die man als mutterrechtlich bezeichnet, meistens nicht vorhanden. Sie sind segmentär, anarchisch. Dort gibt es nur Gewohnheiten oder Gebräuche, die in der angelsächsischen Ethnologie als custom bezeichnet werden, im Gegensatz zum law.

Patriarchat. Männerherrschaft, in der Gesellschaft und in der Familie. Das Wort stammt aus der späten griechischen Sprache, aus der Septuaginta, der Übersetzung des Alten Testaments. Der Patriarch ist ursprünglich der Stammvater, später der Bischof. Den negativen Beigeschmack hat es erst seit Bachofen, der damit hauptsächlich die römische »Paternität« bezeichnete, in der er den Höhepunkt der Männerherrschaft sah, die sehr eng verbunden war mit ihrer militärischen Kommandogewalt, dem imperium, dem Kennzeichen ihrer gesamten politischen Ordnung.

Patrilinearität. Die agnatische Verwandtschaft in der Vaterfolge. Kinder gehören nur zur Verwandtschaft ihres Vaters, nicht ihrer Mutter.

Patrilokalität. Residenzregelung. Eine Frau wohnt mit ihrem Mann und den Kindern am Ort der lineage des Mannes. Vgl. Matrilokalität. Die beiden sind nicht die einzigen Möglichkeiten. Es gibt mehrere Unter- und Nebenformen.

Polygamie. Vielehe. In frühen Gesellschaften die häufiger auftretende Möglichkeit, zur gleichen Zeit mit mehreren verheiratet zu sein. Mit den beiden Formen: Polyandrie, eine Frau hat mehrere Männer, und, häufiger, Polygynie, ein Mann lebt mit mehreren Frauen.

Polygynie. Siehe Polygamie.

Segmentäre Gesellschaften. Durkheim bezeichnet damit als erster akephale Gesellschaften, deren Ordnung im Nebeneinander mehrerer Segmente besteht. Das Wort kommt aus dem Lateinischen und bedeutet Abschnitt. Gemeint sind lineage-Gesellschaften (Gentilgesellschaften). Ihre Ordnung besteht im gleichberechtigten Nebeneinander exogamer lineages, die durch vielfältige Heiratsbeziehungen miteinander verbunden sind. Es gibt keine Zentralinstanz, keine Herrschaft. Das gesellschaftliche Gleichgewicht wird erhalten durch die Exogamie der lineage und die Endogamie des Stammes. Ihr Kennzeichen ist die Identität von Verwandtschaftsordnung und politischer Ordnung. Konflikte werden gelöst durch individuelle Gewalt oder gemeinsame Schlichtung, nicht durch herrschaftliche juristische Entscheidung.

Literaturnachweise

Aberle 1961 — *David F. Aberle,* Matrilineal Descent in Cross-cultural Perspective, in: Schneider, Gough 1961, S. 665-727

Ardener 1975 — *Shirley Ardener* (Hg.), Perceiving Women, 1975

Ardener 1975a — *Shirley Ardener,* Sexual Insult and Female Militancy, in: Ardener 1975, S. 29-53

Bachofen 1948 — *Johann Jakob Bachofen,* Das Mutterrecht, 2 Bde., hg. v. Karl Meuli, 1948

Bachofen 1978 — *Johann Jakob Bachofen,* Das Mutterrecht. Eine Auswahl herausgegeben von Hans-Jürgen Heinrichs, stw 1975, 2. Aufl. 1978

Bakan 1966 — *David Bakan,* The Duality of Human Existence: Isolation and Communion in Western Man, 1966

Bamberger 1974 — *Joan Bamberger,* The Myth of Matriarchy: Why Men Rule in Primitive Societies, in: Rosaldo, Lamphere, 1974, S. 263-280

Barnett 1975 — *R. D. Barnett,* Phrygia and the Peoples of Anatolia in the Iron Age, in: Edwards, Hammond, Sollberger, 1975, S. 417-442

Beauchamp 1900 — *W. M. Beauchamp,* Iroquois Women, in: The Journal of American Folk-lore, Bd. 13 (1900) S. 81-91

Beauvoir 1949 — *Simone de Beauvoir,* Le deuxième sexe, 1949, deutsch: Das andere Geschlecht, 1951

Bengtson 1969 — *Hermann Bengtson,* Griechische Geschichte, 4. Aufl. 1969

Berry 1966 — *J. W. Berry,* Temne and Eskimo perceptual skills, in: International Journal of Psychology, 1966, S. 207-229

Bloch 1961 — *Ernst Bloch,* Naturrecht und menschliche Würde, 1961, zitiert nach der Ausgabe stw 1972

Bornemann 1975 — *Ernest Bornemann,* Das Patriarchat, Ursprung und Zukunft unseres Gesellschaftssystems, 1975

Briffault 1927 — *Robert Briffault,* The Mothers, 3 Bde, 1927

Brown 1975 — *Judith K. Brown,* Iroquois Women: An Ethnohistoric Note, in: Reiter 1975, S. 235-251

Caulfield 1977 — *Mina Davis Caulfield,* Universal Sex Opression? a Critique from Marxist Anthropology, in: Catalyst (Trent University) Nr. 10-11, 1977, S. 60-77

Childe 1951 — *V. Gordon Childe,* Social Evolution, 1951, zitiert nach der deutschen Ausgabe: Soziale Evolution, stw 1975

Childe 1956 — *V. Gordon Childe*, Man makes himself, 3. Aufl. 1956, zitiert nach der deutschen Ausgabe: Der Mensch schafft sich selbst, 1959

Chodorow — *Nancy Chodorow*, Family Structure and Feminine Personality, in: Rosaldo, Lamphere 1974, S. 43-66

Cornelius 1973 — *Friedrich Cornelius*, Geschichte der Hethiter, 1973

Dahrendorf 1964 — *Ralf Dahrendorf*, Amba und Amerikaner: Bemerkungen zur These der Universalität von Herrschaft, in: Europäisches Archiv für Soziologie, Bd. 5 (1964) S. 83-98

Dargun 1883 — *Lothar Dargun*, Mutterrecht und Raubehe, 1883

Davis 1971 — *Elizabeth Gould Davis*, The First Sex, 1971, deutsch: Am Anfang war die Frau, 1977

DeVore 1965 — *Irven DeVore* (Hg.), Primate Behavior, 1965

DeVore, Hall 1965 — *Irven DeVore, K. R. L. Hall*, Baboon Ecology, in: DeVore 1965, S. 20-52

Diamond 1951 — *Stanley Diamond*, Dahomey: A Proto-State in West Africa, Diss. Columbia 1951

Diamond 1974 — *Stanley Diamond*, The Rule of Law versus the Order of Custom, in: Ders., In Search of the Primitive. A Critique of Civilization, 1974, S. 255-280, (schlecht) übersetzt in: Ders., Zur Kritik der Zivilisation, 1976, S. 166-190 (»Die Herrschaft des Gesetzes im Gegensatz zur Ordnung des Brauchtums«)

Dickerman 1894 — *Lysander Dickerman*, The Condition of Woman in Ancient Egypt, in: Bulletin of the American Geographical Society, Bd. 26 (1894) S. 494-527

Douglas 1963 — *Mary Douglas*, The Lele of the Kasai, 1963

Draper 1975 — *Patricia Draper*, !Kung Woman: Contrasts in Sexual Egalitarianism in Foraging and Sedentary Contexts, in: Reiter 1975, S. 77-109

Duberman u. a. 1979 — *Martin B. Duberman, Fred Eggau, Richard Clemmer*, Documents in Hopi Indian Sexualität: Imperialism, Culture, and Resistance, in: Radical History Review Nr. 20, 1979, S. 99-130

Eckstein-Diener 1932 — *Bertha Eckstein-Diener*, Mütter und Amazonen, 1932

Edwards, Hammond, Sollberger 1975 — *J. E. S. Edwards, C. J. Gadd, N. G. L. Hammond, E. Sollberger* (Hg.), The Cambridge Ancient History, Bd. II, Teil 2: History of the Middle East and the Aegean Region c. 1380-1000 B. C., 1975

Eggan 1950 *Fred Eggan*, Social Organization of the Western Pueblos, 1950

Engels 1884 *Friedrich Engels*, Der Ursprung der Familie, des Privateigentums und des Staats, 1884, in: Karl Marx, Friedrich Engels, Werke (MEW), Bd. 21 (1972) S. 25-173

Engels 1891 *Friedrich Engels*, Vorwort zur 4. Aufl. des »Ursprung der Familie, des Privateigentums und des Staats«, 1891, in: MEW 21, 473-483

Erdmann 1934 *Walter Erdmann*, Die Ehe im alten Griechenland, 1934

Evans-Pritchard 1940 *E. E. Evans-Pritchard*, The Nuer, 1940 (Ndr. 1956)

Evans-Pritchard 1951 *E. E. Evans-Pritchard*, Kinship and Marriage among the Nuer, 1951 (Ndr. 1973)

Evans-Pritchard 1956 *E. E. Evans-Pritchard*, Nuer Religion, 1956

Fester, König, Jonas 1979 *Richard Fester, Marie E. P. König, Doris F. Jonas, A. David Jonas*, Weib und Macht, Fünf Millionen Jahre Urgeschichte der Frau, 1979

Firestone 1970 *Shulamith Firestone*, The Dialectic of Sex: The Case for Feminist Revolution, 1970; deutsche Ausgabe: Frauenbefreiung und sexuelle Revolution, 1975

Fluehr-Lobban 1979 *Carolyn Fluehr-Lobban*, A Marxist Reappraisal of the Matriarchate, in: Current Anthropology, Bd. 20, (1979) S. 341-359

Fortes 1945 *Meyer Fortes*, The Dynamics of Clanship among the Tallensi, 1945

Fortes 1957 *Meyer Fortes*, The Web of Kinship among the Tallensi, 2. Aufl. 1957

Fortes 1969 *Meyer Fortes*, Kinship and the Social Order. The Legacy of Lewis Henry Morgan, 1969

Fox 1967 *Robin Fox*, Kinship and Marriage, 1967

Friedrichs 1889 *Karl Friedrichs*, Über den Ursprung des Matriarchats, in: Zeitschrift für vergleichende Rechtswissenschaft, 1889, Bd. 8, S. 370-383

Fromm 1970 *Erich Fromm*, Analytische Sozialpsychologie und Gesellschaftstheorie, 1970, S. 71-114

Giraud-Teulon 1874 *Alexis Giraud-Teulon*, Les origines de la famille. Questions sur les antécédents des sociétés patriarcales, 1874

Glazer, Waehrer *Nona Glazer, Helen Y. Waehrer* (Hg.), Women in

1978 — a Man-Made World. A Socioeconomic Handbook, 2. Aufl. 1978

Goldberg 1973 — *Steven Goldberg,* The Inevitability of Patriarchy: Why the Biological Difference between Men and Women always Produces Male Domination, 1973

Goody 1973 — *Jack Goody,* Bridewealth and Dowry in Africa and Eurasia, in: Jack Goody, S. I. Tambia, Bridewealth and Dowry, 1973

Goody 1976 — *Jack Goody,* Production and Reproduction. A Comparative Study of the Domestic Domaine, 1976

Gough 1961 — *Kathleen Gough,* Variation in Matrilineal Systems, in: Schneider, Gough, 1961, S. 445-652

Gough 1975 — *Kathleen Gough,* The Origin of the Family, in: Reiter 1975, S. 51-76

Gough 1978 — *Kathleen Gough,* An Anthropologist looks at Engels, in: Glazer, Waehrer 1978, S. 156-168

Gurney 1961 — *O. R. Gurney,* The Hittites, 1961, 3. Aufl.

Hall, DeVore 1965 — *K. R. L. Hall, Irven DeVore,* Baboon Social Behaviour, in: DeVore 1965, S. 53-110

Hartland 1924 — *E. Sidney Hartland,* Primitive Law, 1924

Heinrichs 1975 — *Hans-Jürgen Heinrichs* (Hg.), Materialien zu Bachofens »Das Mutterrecht«, stw 1975

de Heusch 1958 — *Luc de Heusch,* Essais sur le symbolisme de l'inceste royale, 1958

Hohenwart-Gerlachstein 1955 — *Anna Hohenwart-Gerlachstein,* The Legal Position of Women in Ancient Egypt, in: Wiener Völkerkundliche Mitteilungen, Bd. 3 (1955) S. 90-93

Hošek 1974 — *Radislav Hošek,* Die Mittlere Komödie als Quelle soziologischer Beobachtungen, in: Welskopf, 1974, S. 1099-1119

Houwink ten Cate 1961 — *Ph. H. J. Houwink ten Cate,* The Luwian Population Groups of Lycia and Cilicia Aspera during the Hellenistic Period, 1961

Hsu 1971 — *Francis L. K. Hsu* (Hg.), Kinship and Culture, 1971

Ifeka-Moller 1975 — *Caroline Ifeka-Moller,* Female Militancy and Colonial Revolt: The Women's War of 1929, Eastern Nigeria, in: Ardener 1975, S. 127-157

Ingham 1971 — *John M. Ingham,* Are the Sirionó Raw or Cooked?, in: American Anthropologist Bd. 73 (1971) S. 1092-1099

Isaac 1968 — *Glynn L. Isaac,* Traces of Pleistocene Hunters: An East African Example, in: Lee, DeVore 1968, S. 253-261

Jacoby — *Felix Jacoby,* Die Fragmente der griechischen Historiker, 3 Teile, 1923-1964

Janssen-Jurreit 1977 — *Marielouise Janssen-Jurreit,* Sexismus. Über die Abtreibung der Frauenfrage, 2. Aufl. 1977

D. Jenness 1960 — *Diamond Jenness,* The Indians of Canada, 5. Aufl. 1960

Jennes 1972 — *Linda Jennes* (Hg.), Feminism and Socialism, 1972 (Ndr. 1977)

Kaser 1971 — *Max Kaser,* Das römische Privatrecht, 1. Abschnitt: Das altrömische, das vorklassische und klassische Recht, 2. Aufl. 1971

Kerényi 1945 — *Karl Kerényi,* Bachofen und die Zukunft des Humanismus, 1945

Kornemann 1927 — *Ernst Kornemann,* Die Stellung der Frau in der vorgriechischen Mittelmeerkultur, 1927

Krader 1973 — *Lawrence Krader,* Ethnologie und Anthropologie bei Marx, 1973

Kramer 1978 — *Fritz Kramer,* Die social anthropology und das Problem der Darstellung anderer Gesellschaften, in: Fritz Kramer und Christian Sigrist (Hg.), Gesellschaften ohne Staat, Band 1, Gleichheit und Gegenseitigkeit, 1978, S. 9-27

Kritische Justiz 1979 — *Uwe Wesel,* Zur Entstehung von Recht in frühen Gesellschaften, in: Kritische Justiz 1979, S. 233-253

Lafitau 1724 — *Père Joseph F. Lafitau,* Mœurs des Sauvages Américains, comparées aux mœurs des premiers temps, 4 Bde, 1724

Lamphere 1974 — *Louise Lamphere,* Michelle Z. Rosaldo, Introduction, in: Rosaldo, Lamphere 1974, S. 1-15

Lamphere 1977 — *Louise Lamphere,* Review Essay: Anthropology, in: Signs, Journal of Woman in Culture and Society, 1977, S. 612-627

Lee, DeVore 1968 — *Richard B. Lee, Irven DeVore* (Hg.), Man the Hunter, 1968 (5. Ndr. 1975)

Lee, DeVore 1968a — *Richard B. Lee, Irven DeVore,* Problems in the Study of Hunters and Gatherers, in: Lee, DeVore 1968, S. 3-12

Lehrbuch 1970 — *Lehrbuch Politische Ökonomie,* Übersetzung aus dem Russischen, 1970

Leibowitz 1975 — *Lila Leibowitz,* Perspectives on the Evolution of Sex Differences, in: Reiter 1975, S. 20-35

Lesky 1931 — *Albin Lesky,* Die Orestie des Aischylos, in: Hermes, Bd. 66 (1931) S. 190-214

Lesky 1963	*Albin Lesky,* Geschichte der griechischen Literatur, 2. Aufl. 1963
Lévi-Strauss 1964	*Claude Lévi-Strauss,* Mythologiques I, Le cru et le cuit, 1964
Lévi-Strauss 1967	*Claude Lévi-Strauss,* Les Structures élémentaires de la parenté, 1949, 2. Aufl. 1967
Lipsius 1905	*Justus Hermann Lipsius,* Das Attische Recht und Rechtsverfahren, Bd. 1, 1905
Lüddeckens 1960	*E. Lüddeckens,* Ägyptische Eheverträge, 1960
Lukács 1965	*Georg Lukács,* Probleme des Realismus, Bd. 3: Der historische Roman, 1965
Maccoby 1978	*Eleanor Maccoby,* Die Psychologie der Geschlechter: Implikationen für die Erwachsenenrolle, in: Sullerot, Thibault, 1978, S. 284-305
Maine 1883	*Henry Maine,* Dissertations on Early Law and Custom, 1883, zitiert nach der Ausgabe 1886
Mair 1971	*Lucy Mair,* Marriage, 1971
Malinowski 1926	*Bronislaw Malinowski,* Crime and Custom in Savage Society, 1926, zitiert nach: 9. Aufl. 1970
Marinatos 1973	*Spyridon Marinatos,* Kreata, Thera und das mykenische Hellas, 2. Aufl. 1973
Marx 1857	*Karl Marx,* Grundrisse der Kritik der politischen Ökonomie (Rohentwurf) 1857-1858, zitiert nach dem o. J. (1960) erschienenen Ndr. d. Ausg. 1939/1941
Mauss 1923/24	*Marcel Mauss,* Essai sur le don, 1923/24; deutsch: Die Gabe, mit einem Vorwort von E. E. Evans-Pritchard, 1968
Mead 1935	*Margret Mead,* Sex and Temperament in Three Primitive Societies, 1935
Mead 1937	*Margret Mead* (Hg.), Cooperation and Competition among Primitive Peoples, 1937
Meillassoux 1975	*Claude Meillassoux,* Femmes, greniers et capitaux, 1975, zitiert nach der deutschen Ausgabe: Die wilden Früchte der Frau, 1976
Mellaart 1967	*James Mellaart,* Çatal Hüyük – A Neolithic Town in Anatolia, 1967, zitiert nach der deutschen Ausgabe: Çatal Hüyük. Stadt aus der Steinzeit, Bergisch-Gladbach 1967
Meuli 1948	*Karl Meuli,* Nachwort, in: Johann Jakob Bachofen, Das Mutterrecht, hg. v. K. Meuli, 1948, S. 1011-1128
Meyer 1905	*Meyer's* Großes Konversationslexikon, 6. Aufl., Band 7, 1905

Millet 1970	*Kate Millet,* Sexual Politics, 1990; deutsche Ausgabe: Sexus und Herrschaft, 1971
Mitscherlich 1963	*Alexander Mitscherlich,* Auf dem Wege zur vaterlosen Gesellschaft, 1963
Morgan 1851	*Lewis H. Morgan,* League of the Ho-De-No-Sau-Nee or Iroquois, 1851, zitiert nach der Ausgabe von 1901 (Ndr. 1954)
Morgan 1877	*Lewis H. Morgan,* Ancient Society, 1877, zitiert nach der deutschen Übersetzung von W. Eichhoff und K. Kautsky: Die Urgesellschaft, 1908, Ndr. 1976
E. Morgan 1972	*Elaine Morgan,* The Descent of Women, 1972
Morris 1967	*Desmond Morris,* The Naked Ape, 1967, zitiert nach der deutschen Ausgabe: Der nackte Affe, 1968
Müller	*Karl und Theodor Müller,* Fragmenta Historicorum Graecorum (FHG), 5 Bände, 1841-1885
Murdock 1934	*George Peter Murdock,* Our Primitive Contemporaries, 1934
Murdock 1949	*George Peter Murdock,* Social Structure, 1949
Murdock 1967	*George Peter Murdock,* Ethnographic Atlas, 1967
Murdock 1968	*George Peter Murdock,* The Current Status of the World's Hunting and Gathering Peoples, in: Lee, DeVore 1968, S. 13-20
Narr 1968/69	*Karl J. Narr,* Mutterrechtliche Züge im Neolithikum (Zum Befund von Çatal Hüyük), in: Anthropos, Bd. 63/64 (1968/69) S. 409-420
Narr 1975	*Karl J. Narr,* Wirtschaft, Siedlung und Gesellschaft in der Jungsteinzeit, in: Ders. (Hg.), Handbuch der Urgeschichte, 1975, S. 621-649
Nilsson 1955	*Martin P. Nilsson,* Geschichte der Griechischen Religion, Bd. 1, 2. Aufl. 1955
Ortner 1974	*Sherry B. Ortner,* Is Female to Male as Nature is to Culture?, in: Rosaldo, Lamphere 1974, S. 67-87
Pembroke 1965	*Simon Pembroke,* Last of the Matriarchs: A Study in the Inscriptions of Lycia, in: Journal of the Economic and Social History of the Orient, Bd. 3 (1965) S. 217-247
Pembroke 1967	*Simon Pembroke,* Women in Charge: The Function of Alternatives in Early Greek Tradition and the Ancient Idea of Matriarchy, in: Journal of the Warburg and Courtauld Institutes, Bd. 30 (1967) S. 1-35

Pestman 1961 — *P. W. Pestman*, Marriage and Matrimonial Property in Ancient Egypt, 1961

Pirenne 1959 — *Jacques Pirenne*, Le statut de la femme dans l'Ancien Egypte, in: Recueils de la Société Jean Bodin, Bd. 1, La femme, 1. Teil (1959) S. 63-78

Powell 1960 — *H. A. Powell*, Competitive leadership in Trobriand political organization, in: The Journal of the Royal Anthropological Institute of Great Britain and Ireland, Bd. 90 (1960) S. 118-145

Quain 1937 — *B. H. Quain*, The Iroquois, in: Mead 1937, S. 240-281

Radcliffe-Brown, Forde 1950 — *A. R. Radcliffe-Brown, Daryll Forde* (Hg.), African systems of kinship and marriage, 1950 (Ndr. 1964)

Reed 1972 — *Evelyn Reed*, In Defense of Engels on the Matriarchy, in: Jennes 1972, S. 108-112

Reich 1932 — *Wilhelm Reich*, Der Einbruch der sexuellen Zwangsmoral, 1932, zitiert nach der Ausgabe (rororo) 1975

Reiter 1975 — *Rayna R. Reiter* (Hg.), Toward an Anthropology of Women, 1975

Renfrew 1972 — *Colin Renfrew*, The Emergence of Civilisation, 1972

Richards 1950 — *Audrey J. Richards*, Some Types of Family Structure amongst the Central Bantu, in: Radcliffe-Brown, Forde 1950, S. 207-251

C. Richards 1957 — *Cara B. Richards*, Matriarchy or Mistake. The Role of Iroquois Women through Time, in: Proceedings of the 1957 Annual Spring Meeting of the American Ethnological Society, 1957, S. 26-45

Rivers 1914 — *W. H. R. Rivers*, Kinship and Social Organization, 1914

Rosaldo 1974 — *Michelle Z. Rosaldo*, Woman, Culture and Society: A Theoretical Overview, in: Rosaldo, Lamphere 1974, S. 17-42

Rosaldo, Lamphere 1974 — *Michelle Z. Rosaldo, Louise Lamphere* (Hg.), Woman, Culture and Society, 1974

Roscher 1884 — *W. H. Roscher*, Ausführliches Lexikon der griechischen und römischen Mythologie, Bd. 1, 1. Abt., 1884-1886 (Ndr. 1978)

Rubin 1975 — *Gayle Rubin*, The Traffic in Women: Notes on the »Political Economy« of Sex, in: Reiter 1975, S. 157-210

Sacks 1975 — *Karen Sacks*, Engels Revisited: Woman, the Organisation of Production, and Private Property, in: Reiter 1975, S. 211-234

Sahlins 1972 — *Marshall Sahlins,* Stone Age Economics, 1972 (Ndr. 1976)

Sanday 1974 — *Peggy R. Sanday,* Female Status in the Public Domain, in: Rosaldo, Lamphere 1974, S. 189-206

Schachermeyr 1955 — *Fritz Schachermeyr,* Die ältesten Kulturen Griechenlands, 1955

Schachermeyr 1964 — *Fritz Schachermeyr,* Die minoische Kultur des alten Kreta, 1964

Schlegel 1972 — *Alice Schlegel,* Male Dominance and Female Autonomy. Domestic Authority in Matrilineal Societies, 1972

Schlegel 1974 — *Alice Schlegel,* Women Anthropologists look at Woman, in: Reviews in Anthropology, 1974, S. 553-560

Schmidt 1955 — *Wilhelm Schmidt,* Das Mutterrecht, 1955

Schneider, Gough 1961 — *David M. Schneider, Kathleen Gough* (Hg.), Matrilineal Kinship, 1961

Schumacher 1972 — *Irene Schumacher,* Gesellschaftsstruktur und Rolle der Frau. Das Beispiel der Irokesen, 1972

Seaver 1824 — *James Everett Seaver,* A Narrative of the Life of Mary Jamison: The White Woman of the Genesee, 1824, zitiert nach der deutschen Übersetzung der engl. Ausg. 1925: Urs Lauer, Janis Osolin (Hg.), Niederschrift der Lebensgeschichte der Mary Jemison, 1979

Seidl 1957 — *Erwin Seidl,* Einführung in die altägyptische Rechtsgeschichte bis zum Ende des neuen Reiches, 3. Aufl. 1957

Seidl 1968 — *Erwin Seidl,* Ägyptische Rechtsgeschichte der Saiten- und Perserzeit, 2. Aufl. 1968

Sellnow 1961 — *Irmgard Sellnow,* Grundprinzipien einer Periodisierung der Urgeschichte, 1961

Sellnow 1977 — *Irmgard Sellnow* (Hg.), Weltgeschichte bis zur Herausbildung des Feudalismus, verfaßt von einem Autorenkollektiv unter Leitung von Irmgard Sellnow, 1977

Service 1975 — *Elman R. Service,* Origins of the State and Civilization. The Process of Cultural Evolution, 1975; zitiert nach der deutschen Ausgabe: Ursprünge des Staates und der Zivilisation. Der Prozeß der kulturellen Evolution, 1977

Sigrist 1964 — *Christian Sigrist,* Die Amba und die These der Universalität von Herrschaft. Eine Erwiderung auf einen

Aufsatz von Ralf Dahrendorf, in: Europäisches Archiv für Soziologie, Bd. 5 (1964) S. 272-276

Slocum 1975 — *Sally Slocum*, Woman the Gatherer: Male Bias in Anthropology, in: Reiter 1975, S. 36-50

Spiegelberg 1926 — *Wilhelm Spiegelberg*, Die Glaubwürdigkeit von Herodots Bericht über Ägypten im Lichte der ägyptischen Denkmäler, 1926

Sullerot, Thibault 1978 — *Evelyne Sullerot, Odette Thibault* (Hg.), Le Fait Feminine, 1978, zitiert nach der deutschen Ausgabe: Die Wirklichkeit der Frau, 1979

Thomson 1961 — *George Thomson*, The Prehistoric Aegaen, 3. Aufl. 1961, zitiert nach der deutschen Ausgabe: Frühgeschichte Griechenlands und der Ägäis, 1974

Titiev 1944 — *Mischa Titiev*, Old Oraibi. A Study of the Hopi Indians of Third Mesa, 1944

Toepffer 1894 — *Toepffer*, Amazones, in: Georg Wissowa (Hg.), Paulys Realencyclopädie der classischen Altertumswissenschaften, 2. Halbband, 1894, Sp. 1753-1771

Turnbull 1965 — *Colin M. Turnbull*, Wayward Servants. The Two Worlds of the African Pygmies, 1965

Vaerting 1921 — *Mathilde Vaerting*, Die weibliche Eigenart im Männerstaat und die männliche Eigenart im Frauenstaat, 1921

Vinogradoff 1920 — *Paul Vinogradoff*, Outlines of Historical Jurisprudence, Bd. 1: Introduction, Tribal Law, 1920

Wallace 1971 — *Anthony F. C. Wallace*, Handsome Lake and the Decline of the Iroquois Matriarchate, in: Hsu 1971, S. 367-376

Washburn, Lancaster 1968 — *Sherwood L. Washburn and C. S. Lancaster*, The Evolution of Hunting, in: Lee, DeVore 1968, S. 293-303

Webster 1975 — *Paula Webster*, Matriarchy: A Vision of Power, in: Reiter 1975, S. 141-156

Welskopf 1974 — *Elisabeth Charlotte Welskopf* (Hg.), Hellenische Poleis, Krise–Wandlung–Wirkung, Bd. 3, 1974

Westermarck 1891 — *Edvard Westermarck*, The History of Human Marriage, 1891

Wieacker 1956 — *Franz Wieacker*, Rez. Johann Jakob Bachofen: Gesammelte Werke, hg. v. K. Meuli, in: Gnomon Bd. 28 (1956) S. 161-173

Wiedemann 1890 *Alfred Wiedemann,* Herodots zweites Buch mit sachlichen Erläuterungen, 1890

Wilken 1884 *G. A. Wilken,* Het matriarchaat bij de oude Arabieren, 1884

Witelson 1978 *Sandra F. Witelson,* Geschlechtsspezifische Unterschiede in der Neurologie der kognitiven Funktionen und ihre psychologischen, sozialen, edukativen und klinischen Implikationen, in: Sullerot, Thibault, 1978, S. 341-368

Zazzo 1978 *René Zazzo,* Einige Bemerkungen über die Unterschiede in der Psychologie der Geschlechter, in: Sullerot, Thibault, 1978, S. 311-321

Sachverzeichnis